[불고무용]

지은이 | 法 顯 (金應起)

1974년 奉元寺 大雲스님을 은사로 출가.
동국대 불교대학원 예술사전공 석사 졸업.
원광대 종교학 전공 석사. 원광대 불교학 전공 박사과정 수료.
무형문화재 제50호 영산재 이수자. 동국대 국악과 교수로
불교음악이론, 불교무용, 불교음악 범패 강의.
논문으로 「범패의 분류 연구」 「영산재 작법무 연구」
「짓소리 쓰임에 관한 연구」 「불교무용 동작 연구」
「상주권공재의 작법절차에 관한 연구」 「한국범패의 유형과 가창」
「불교음악의 현대적 수용」 「불교음악의 예술음악화와 상업화 문제」
「각배재 구성과 범패 쓰임 연구」 「불교음악자료 분류법」(문화재연구소)
등이 있고, 저서로 『불교음악 영산재 연구』가 있다.
불교음악 범패, 불교무용, 영산재, 불교의식은
인터넷(www.pompae.or.kr) 자료 및 동영상으로 접할 수 있다.
불교음악 범패 음반은
「한국의 범패 시리즈」 1집-12집(아세아 레코드)이 있다.

불교무용

초판 인쇄/ 2002년 6월 22일
초판 발행/ 2002년 6월 29일

지은이/ 법현
펴낸이/ 김시열
펴낸곳/ 도서출판 운주사
서울 성북구 동소문동 6가 25-1 청송빌딩 3층
전화/ (02)926~8361 팩스/ (02)926~8362
등록/ 제2-754호

ISBN 89-85706-83-7 03220
값 17,000원

* 이 책의 사진 또는 내용을 재사용하시려면
  저작권자와 도서출판 운주사의 동의를 얻어야 합니다.
* 잘못된 책은 바꾸어 드립니다.

이 책은 2001년도 동국대학교 저서 연구비지원으로 이루어졌습니다.

Buddhist Dances

불교무용

佛敎舞踊

법현(法顯) 지음

운주사

저자의 말

불교무용은 깨달음으로 향하는
수행의 몸짓입니다.

입으로는 부처님의 말씀을 찬탄하고
마음으로 그 가르침을 되새기며
몸으로 동작을 통한 깨달음의 수행 ……

이러한 불교무용은 범패의 학습과정에서 익히게 되며,
범패를 배우려면 15년 가까운 긴 학습과정을 필요로 합니다.
수행의 음악, 수행의 몸짓을 향해 수행자는 초발심으로 돌아가
끊임없는 수행이 뒷받침 되어야 한다고
어장 송암 큰스님은 말씀하였습니다.

봉원사에서 출가한 지 30년이 되어 가지만
스승님의 꾸지람 귓가에 떠나지 않습니다.
본서 『불교무용』은 불교의식 무용의 일부분을 다룬 글입니다.
무용에 대한 반주곡 및 불교무용 구성은
『불교음악 감상』 악보집으로 출판됩니다.

범패와 무용의 체계적 전승을 위해 가르침을 주신
송암 큰스님, 구해, 일운 스님과 봉원사 사부대중 스님,
귀한 사진자료를 주신 선암 스님,
늘 묵묵히 가르침을 일러주시는 동국대 법산 스님과 홍윤식 교수님,
은사이신 대운 스님께 삼가 두손 모아 예경합니다.

불교음악 연구소장 법현

차례 Contents

1 불교무용의 개념

1. 불교무용 용어 정의 … 10
2. 경전에 보이는 불교무용의 기원 … 11
3. 감로탱화에 나타난 불교무용 … 16
4. 수행의 춤 불교무용 … 19

2 불교의식 및 무용구성

1. 불교의식佛敎儀式의 종류種類 … 22
2. 무용 반주 음악 … 32
3. 복식 … 39

3 불교무용의 유형과 분류

1. 바라춤 … 45
2. 나비춤 … 60
3. 법고춤 … 77
4. 타주춤 … 78
5. 기본 춤사위 … 82

4 재齋의 종류와 불교무용

1. 상주권공재常住勸供齋 무용 구성 … 87
2. 각배재各拜齋 무용 구성 … 90
3. 생전예수재生前豫修齋 무용 구성 … 93
4. 수륙재水陸齋 무용 구성 … 98
5. 영산재靈山齋 무용구성 … 101

5 불교무용 전승 계보

1. 삼국시대 · 고려시대 계보 ··· *104*
2. 조선시대 계보 ··· *106*
3. 일제시대부터 1970년 이전 계보 ··· *108*
4. 1970년대 이후 전승계보 ··· *112*

6 식당작법 절차와 타주춤

1. 식당작법 의미와 구성 ··· *116*
2. 식당작법 타주춤 절차 ··· *120*

7 영산재 진행과 불교무용

1. 영산재 구성 ··· *139*
2. 영산재 진행과 무용 ··· *142*
3. 영산재 무용 분석 ··· *164*

8 불교와 선무용禪舞踊

1. 선무용의 의미 ··· *168*
2. 불화 및 벽화에서 보이는 불보살의 수인手印 ··· *170*

9 무용반주음악

1. 반주음악 ··· *184*
2. 반주음악 악보 ··· *189*

- Buddhist Dances ··· *235*

불교무용의 개념

불교무용은 불교음악과 더불어 불교의식 진행시 스님들에 의해 진행되며, 불교무용을 통틀어 작법무(作法舞), 또는 승무(僧舞)라고 한다.

이러한 불교무용은 재(齋) 진행시 불교음악 범패를 전문적으로 배운 스님들에 의해 이루어진다. 무용은 몸, 입, 생각을 통하여 삼업(三業)의 이치를 되새기는 한편, 깨달음을 향한 수행의 몸짓이기도 하다. 삼업(三業)이란 첫째 몸 동작을 통한 신업(身業)공양, 둘째 입으로 경전 내용을 암송하거나 염불로 하는 구업(口業)공양, 셋째 마음과 생각으로 짓는 의업(意業)공양이며, 무용은 이러한 삼업을 통해 일체중생 모두 깨달음으로 인도하는 부처님의 법문인 것이다.

민속무용 승무

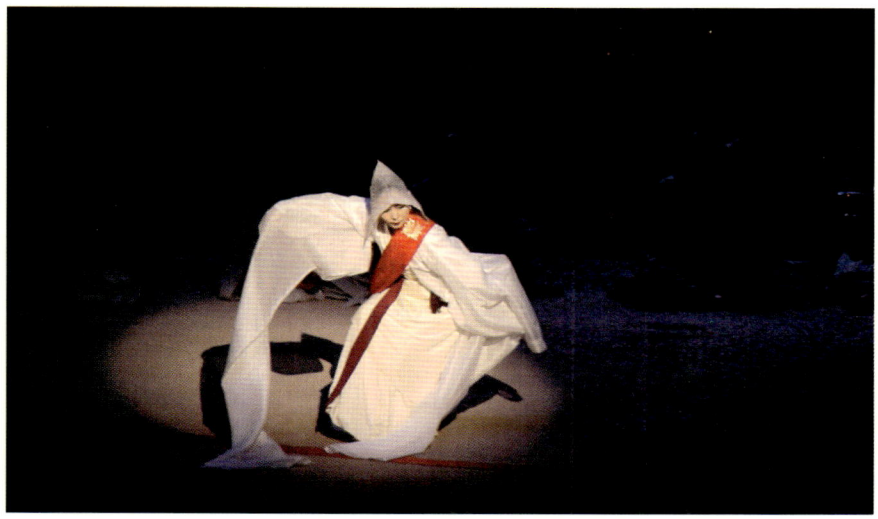

1. 불교무용 용어 정의

불교무용 승무(僧舞)는 불교의식 진행시 부처님의 진리 말씀을 몸 동작을 통해 공양 올리는 스님들에 의한 무용을 총칭하며, 민속무용 승무와는 구별된다.

그러므로 민속무용인 '승무'의 춤과 용어상 구별되어야 하며, 민속무용 승무가 불교무용으로 이해되어 온 기존까지의 용어는 재고되어야 한다. 왜냐하면 불교무용 승무는 불교음악 범패와 더불어 스님들에 의해 춤의 동작이 이루어지지만, 민속무용 승무는 민속적 가락에 의해 이루어지는 춤으로 승려들에 의해 추어지는 춤이 아니기 때문이다. 따라서 불교무용인 승무라 이름지어 말할 때는 승무이라는 용어가 타당하나, 민속무용 승무는 스님들이 하는 무용이 아니므로, 이 용어는 민속 무로써의 새로운 용어로 바뀌어야 한다. 본 글에는 용어의 혼란된 개념을 피하기 위해, 불교의식 진행에서 행해지는 의식무(儀式舞)를 특별히 승무(僧舞)와 작법무(作法舞)라고 한다. 작법무(作法舞)란 무용 동작을 통해 부처님의 가르침인 불법(佛法)을 짓는 것으로 작법(作法), 즉 법무(法舞)의 의미를 포함하고 있는 용어이다.

또한 불교무용을 하는 스님들 사이에서는 '춤'이란 단어 대신 '무'란 단어도 복합적으로 사용한다.

불교무용인 승무는 바라춤, 나비춤, 법고춤, 타주춤으로 분류하며, 이러한 무용은 불교의 여러 재(齋) 의식 진행에 있어서 부분적 요소로 쓰이며 불교의식 구성에 있어

서 중요한 위치를 차지한다.

돈황벽화에 그려진
악기 든 비천상

2. 경전에 보이는 불교무용의 기원

　불교무용의 기원은 불교와 더불어 시작되었으며, 불교는 기원전 6세기경에 인도에서 발생, 기원후 1세기 무렵 중국으로 전해졌다. 우리나라는 고구려 소수림왕 2년(372)에 처음으로 불교가 전해지고, 신라 법흥왕 14년(527)에는 불교가 공인되었다. 이렇게 불교가 전래되는 과정에서 음악과 무용이 함께 전파되었을 것이다. 그러나 삼국시대 불교무용에 관한 기록은 찾기 어렵고 다만 범패의 기록만을 「삼국유사」에서 찾을 수 있을 뿐이다.
　고려시대에는 불교예술과 더불어 백고좌도량(百高座

돈황벽화에 그려진 보살춤

道場), 재회(齋會) 등 많은 종류의 법회(法會)의식을 하였다는 기록이 전해져 오나 불교무용에 관한 문헌은 기록에 보이지 않는다.

　조선시대에는 숭유억불 정책 가운데서도 의식과 무용은 매우 발전되어 전개되었다. 이러한 것은 감로탱화에서 그 모습을 찾아볼 수 있다.

　이외 불교 의식무의 역사와 유래는 입과 입으로 통해 전해오는 구전전설(口傳傳說)과 불교문화의 내용을 담고 있는 경전에서 찾아볼 수 있다.

　이 가운데 영산회상 설은, "석가모니 부처님이 영취산에서 법화경(法華經)을 설법(說法)할 때 천사색(天四色)의 채화(彩花)를 내리니 가섭이 알아차리고 빙긋이 웃으며 춤을 춘 것을 승려들이 모방했다"는 설로 가섭이 춤을 춘 것이 서술되어 있으며, 무용에 대해서는 그 외 많은 경전에 나타나 있다.

　　기아(伎兒)는 북(鼓)을 치거나 노래와 춤을 추고 비파를

뜯고 징(鐃)이나 동발을 치는 사람이다. 이와 같이 여러 가지로 기악을 하는데, 최소한 네 사람이 모여서 놀이를 한다.(伎兒者, 打鼓歌舞彈琵琶鐃銅鈸, 如是比種種伎樂下, 至四人聚戲)

(「摩訶僧祇律」卷第三十三,「대정장」권16, 494a)

기악이라고 한 것은 춤추는 기악(舞伎)과 노래하는 기악(歌伎), 요반(鐃盤: 징), 고(鼓: 북)를 치는 것, 모두를 말한다.(伎樂者舞伎歌伎鐃盤打鼓如是一切)

(「摩訶僧祇律」卷第三十九,「대정장」권16, 540b)

노래와 춤(歌舞)과 기악을 생각하지도 않았다.(亦不念歌舞伎樂)　　　(「佛說德光太子經」「대정장」권3, 414 a)

또 항상 여러 가지의 고락(鼓樂: 음악을 지칭)이 있었는데, 사죽(絲竹: 악기를 지칭), 노래, 가무(歌舞: 춤)로 묘한 음성(音聲)을 냈으며(又復常有種種 鼓樂絲竹 歌舞出 妙音聲)

(「根本說一切有部毘奈耶雜事」卷第三十七,「대정장」권24, 393a)

오백 명의 건달바가 있었는데 금(琴: 줄이 있는 악기)을 아주 잘 타고 노래와 춤으로 '음악'을 만들어 밤낮을 가리지 않고 부처님께 공양하였으며(有五百乾闥婆, 善巧彈琴作樂歌舞 供養如來晝夜不離)

노래하고 기악을 하며, 노래와 춤을 즐기다가(作倡伎樂歌舞戲笑)

(「撰集百緣經」卷第二 乾闥婆作樂讚佛緣,「대정장」권4, 211a, c)

소소의 아홉 가락을 연주하니 봉황이 날아와 아름다운 모습으로 춤을 추었다.(興福簫韶九成則鳳凰來儀)

(「高僧傳」卷第十三,「대정장」권50, 415c)

어떤 사람은 조용히 귀를 기울여 여러 가지 소리를 들었다. 예를 들면 여패(蠡貝)를 부는 소리, 혹은 큰북(大鼓) 소리, 혹은 작은북(小鼓) 소리, 세요고(細腰鼓) 소리, 혹은 공후(箜篌) 비파(琵琶) 소리, 소(簫)·적(笛)·생(笙)·슬(瑟)의 갖가지 소리였으며, 혹은 노래하는 소리나 춤추는 소리를 듣거나, 웃음소리나 우는 소리를 듣거나, 혹은 여자나 남자의 소리를 듣거나, 어린 남자아이나 어린 여자아이의 소리를 들었다.(復有一人, 以淸淨耳, 聞種種聲, 所謂或聞吹蠡貝聲, 或大鼓聲, 或小鼓聲 細腰鼓聲, 或箜篌聲 或琵琶聲, 簫笛笙瑟種種音聲, 或聞歌聲, 或聞舞聲, 或聞笑聲 或聞哭聲, 或婦女聲, 或丈夫聲, 或童子聲, 或童女聲)

(「佛本行集經」卷第三十 菩薩降魔品,「대정장」권3, 792, 793)

일체의 범부와 성인이 물러나지 않게 되었으며, 그 나머지는 이 금(琴)의 소리와 여러 음악 소리를 듣고는 모두가 마음이 안정되지 않아 자리에서 일어나 춤을 추기 시작하였다.(一切凡聖唯除菩薩不退轉者, 其餘一切聞是琴聲, 及諸樂音各不自安, 從坐起舞一切聲聞放捨威儀誕貌逸樂)

(「法苑珠林」卷第三十六 唄讚篇 第三十四,「대정장」권53, 576c)

소위 노래하고 가무(歌舞) 및 기악을 하고, 웃고, 울며, 얼굴과 몸으로 요술을 부리는 일들을 하는 것이다.(所謂 歌舞伎樂笑啼常求方宜, 自以幻術顏色形體)

(「增壹阿含經」,「대정장」권2, 765c)

노래·춤·우스갯소리·'기악'에 관한 이야기(歌舞戲笑 '妓樂'之論)　　(「增壹阿含經」,「대정장」권2, 781c)

여덟 번째는 노래를 하거나, 춤을 추거나(歌舞), 이런 것을 보거나 듣지 말고, 어떤 악기든 갖지 말라.(八離作 歌舞及往觀聽蓄種種樂器)　　(「釋氏要覽」,「대정장」권54, 272a)

방일함을 멀리 여의는 것에 다섯 가지가 있으니, 첫째는 노래하는 것, 둘째는 춤추는 것, 셋째는 음악을 하는 것〔作樂〕, 넷째는 악기(樂器)로 장엄스럽게 꾸미는 것, 다섯째는 노는 곳에 가서 보거나 듣지 않는 것이다.(遠離放逸五事, 一者歌, 二者舞, 三者作樂, 四者嚴飾樂器, 五者不往觀聽)

(「優婆塞五戒威儀經」一卷,「대정장」권24, 1119c)

이 외에도 불교의 악(樂)·가(歌)·무(舞)에 대해 여러 경전에서 찾아볼 수 있다.

　중국(中國)의 범패 및 무용에 관한 기록으로는 위(魏)나라 무제(武帝)의 넷째 아들 조자건〔조식(曹植)〕이 하루는 '천태산(天台山: 천태산을 어산(魚山)이라고도 한다)에 오르자 범천(梵天: 하늘)에서 오묘한 소리가 났는데 그 소리에

돈황벽화에 그려진
악·가·무

맞추어 고기떼가 춤을 추므로 그 소리를 모방해 범패(梵唄)를 만들고, 고기떼의 노는 모양을 본떠 승무를 만들었다는 설이 전해진다. 여기서 연유하여 범패와 무용을 하는 스님들을 지칭하여 어산(魚山)이라고도 한다.

또한 한국에서의 범패와 불교 의식무에 대한 기록으로는, 6C초에 남중국 오(吳)나라의 기악무(伎樂舞)를 백제인 미마지(味摩之)가 배워 일본에 건너가 상류층의 귀족 자제들에게 전했다는 기록이 있다. "기악무는 부처님께 공양 올리기 위한 가무의 일종으로 마임(mime)과 유사한 가면 묵희(默戱)이며, 희극(笑劇)적 요소를 지닌 것이다. 기악무는 불교음악 즉 범음성(梵音聲)이 어우러진 춤은 아니었지만 부처님께 공양(供養)한다는 의미에서 당시 고승으로부터 인정을 받았다."

3. 감로탱화에 나타난 불교무용

불화(佛畵)에 나타난 무용의식은 종교 의례로써, 언제부터 그려지기 시작하였는지는 알 수 없다. 불교의식에

보석사 감로탱화
(1649, 국립중앙박물관 소장)

경북 달성 운흥사
감로탱화(1730)

사용되는 작법무(作法舞)는 현재 한국의 불교의식에서 독특한 형태로 전승되어지고 있다. 그리고 한국 범패의 역사를 볼 때 작법무의 역사 또한 매우 오래되었을 것으로 추측된다. 하지만 범패와는 달리 작법무에 대한 문헌 기록은 없고, 다만 조선시대에 불교의 신앙 대상으로 그려진 몇몇 감로탱화에서 그 모습을 볼 수 있다. 하지만 작법무가 언제부터 불교의식에 사용되었는지는 불분명하다.

　감로탱화는 영단(靈壇), 즉 영가(靈駕)*에게 재(齋)**를 지내기 위해 특별히 마련된 단(壇)으로, 영가단을 감로단(甘露壇)이라고 하며, 감로단에 걸려 있는 탱화를 일러 감로탱화라 한다. 현존하는 감로탱화의 시대별 분류를 통해 불교무용의 흐름을 살펴보면 현존하는 최고의 탱화는 일본 약선사(藥仙寺) 감로탱화(1589년, 나라박물관 소장)와 충남 보석사(寶石寺) 감로탱화(1649년, 국립중앙박물관 소장)를 들 수 있다. 한국과 일본의 두 감로탱화를 자세히 살펴보면, 여러 스님들이 재를 올리는 모습이 사실적으로 그려져 있

*죽은 자, 혹은 영혼(靈魂)이라고도 함.
**절에서는 일체의 법회를 '재'라 하며, 齋란 베푼다는 의미이다. 제사 대신 사용한다.

서울 봉은사 감로탱화
(1892)

*향, 등, 차, 과일, 꽃, 쌀

다. 부처님께 육법공양(六法供養)*을 올리고 영가들의 극락왕생(極樂往生)을 발원(發願)하는 모습, 그리고 스님들의 악·가·무의 모습 등이 상세히 그려져 있다. 이 가운데 불교무용은 상단에 부처님을 모시고 염불소리와 기악곡에 맞추어 바라춤, 법고춤 등을 추는 모습들로 그려져 있는데, 스님들의 작법무(作法舞)를 통한 수행(修行)의 모습을 찾아볼 수 있다.

그 외 1730년에 그려진 경남 고성 운흥사(雲興寺) 감로탱화엔 스님들의 바라춤, 법고춤 등 부처님께 공양(供養)을 올리는 모습이 역동적으로 그려져 있고, 나비춤 의상을 입은 승려가 처음으로 등장한다. 18세기말의 고려대 소장 감로탱화에는 2인무 바라춤, 1인무 나비춤, 1인무 법고춤이 삼현육각에 맞추어 이루어지는 모습이 묘사되어 있다.

1900년대는 일본의 한국 침략으로 민족문화 말살정책과 조선 총독부 사찰령(1911년)으로 인해 사찰에서 각종 의

서울 흥천사 감로탱화
(1939)

식 및 범패(梵唄)와 작법무(作法舞)가 금지(禁止)되었다. 해방후 범패와 작법무는 다행히 몇몇 스님들에 의해서 맥이 이어지다가, 국가의 문화재 보호정책 일환으로 1973년 불교음악 범패가 무형문화재로 지정되었다. 이후 1987년 범패, 작법무, 장엄 세 종목이 묶여 중요무형문화재 제50호 영산재로 지정되어 서울 신촌 봉원사(奉元寺) 영산재 보존회를 중심으로 감로탱화의 모습 형태로 전승되고 있다.

4. 수행의 춤 불교무용

 불교의식에 있어서 범패(梵唄)가 음성공양이라면, 무용은 신업공양(身業供養)으로 음악과 더불어 재의식(齋儀式)을 보다 장엄하게 하는 한편 신앙심을 고취시키는 역할을 한다. 즉 불교무용은 전통 무용인 민속무용, 궁중무용과는 달리 신(身: 몸), 구(口: 입), 의(意: 생각)의 삼업

바라춤
Baramu(cymbals dance)

(三業)의 수행을 통해 부처님께 올리는 공양의식 것이다.

"삼업투성삼보례 성범동회 법왕궁(三業投誠三寶禮 聖凡同會法王宮)－삼업(三業)을 기울여 삼보께 귀의하니 성현(聖賢: 깨우친 자)과 범부(凡夫: 깨우치지 못한 자) 구별 없이 법왕궁(法王宮: 깨달음의 법을 설하는 곳)에 모이게 하소서－" 하는 발원과 더불어, 회향에서는 불법의 진리를 깨달아 삼업을 여의고자 하는 것이므로, 불교의식에 있어서 불교무용과 불교음악은 예술적 차원을 넘어 수행(修行) 및 신앙심(信仰心)이 선행(先行)되어야 한다.

불교의식 및 무용구성

불교의식은 일반의식과 전문의식으로 나뉜다. 일반의식은 평염불로 하는 의식을 말하며, 전문의식은 범패를 전문적으로 배워 의식을 진행하는 것을 말한다. 범패나 작법무는 불교음악을 전문적으로 배운 스님들에 의해 진행된다. 특히 불교의 영혼천도재 의식인 영산재(靈山齋), 수륙재(水陸齋), 시왕각배재(十王各拜齋), 상주권공재(常住勸供齋), 살아 생전 재를 올리는 생전예수재(生前豫修齋) 등에서 범패와 작법무가 가장 많이 구성되어 의식이 진행된다. 이러한 재 의식은 불·보살 중심의 상단권공(上壇勸供), 명부시왕 및 신중단 중심인 중단권공(中壇勸供), 영가 및 영혼을 위한 하단권공(下壇勸供) 등 삼단(三壇)으로 구성되어 진행되며, 불교의식에 사용되는 작법무의 유형에는 바라춤, 나비춤, 법고춤, 타주춤

나비춤
Nabimu(butterfly dance)

법고춤
Beopgomu(drum dance)

등이 있다. 또한 바라춤에는 천수바라무 이하 7종, 나비춤에는 도량게작법 이하 18종이 있다. 한편 이들 4종, 즉 작법무 바라춤, 나비춤, 법고춤, 타주춤에 해당되는 세부적인 무용이 모든 재(齋)에 다 사용되는 것은 아니며, 재(齋)의식 종류와 규모에 따라 춤의 종류, 무용 인원수, 음악 등을 달리한다.

1. 불교의식(佛敎儀式)의 종류(種類)

불교의식은 크게 두 가지로 나누어 말할 수 있다. 의례(儀禮) 하나 하나가 모여 이루어진 포괄적 의미로 불교 교리 및 모든 수행을 뜻하기도 하며, 한편으로 불제자가 부처님의 가르침을 믿고 의지하며, 불(佛)·보살상(菩薩象)

타주춤
Tajumu(similar dance to Nabimu)

앞에 드리는 모든 의례를 뜻하기도 한다. 전자를 광의적(廣義的) 의식, 후자를 협의적(狹義的) 의식이라 한다.

또한 의식은 전문의식(專門儀式)과 일용의식(日用儀式)으로도 나눌 수 있다. 전문의식은 상주권공재, 각배재, 영산재, 생전예수재, 수륙재 등 범패와 작법의 전문적 기능(機能)을 갖춘 어산(魚山)*스님에 의해 진행되는 의식을 말하며, 일용의식은 일반 불자나 스님들에 의해 안채비 중심의 평염불로 일상생활에 행하여지는 의식이다.

*범패를 전문적으로 배운 스님이나 범패의 최고 스님을 지칭

또한 이러한 모든 의식은 그 내용에 있어서 자력적(自力的) 성향과 타력적(他力的) 성향의 두 형태로 나누어지지만, 이 모두 참회와 발원을 통한 중생구제(衆生救災)와 성불(成佛)을 목표로 하는 점에서는 동일하다.

1) 예경의식: 조석(朝夕: 아침저녁)으로 불, 법, 승 삼보는

불교의식 및 무용구성 23

예경의식
Worship ceremony

물론 상단, 중단, 하단 등 일체 신앙의 대상에 대한 예(禮)를 드려 공경하는 의식을 말한다. 도량석(목탁석), 종성(鍾聲: 쇠송), 조석예불, 송주, 각단예불(대웅전, 극락전, 팔상전, 용화전, 대장전, 관음전, 나한전, 명부전, 신중단, 산왕단, 조왕단, 칠성단, 독성단, 현왕단)이 있다.

*三學: 계학(戒學)·정학(定學)·혜학(慧學).

2) 수계의식: 계(戒)는 삼학(三學)*의 하나로 선(善)을 증장시켜 악(惡)을 그치도록 불자가 지켜야 할 생활 규범이며, 대승계(大乘戒)와 소승계(小乘戒)로 나뉜다. 대승계는 삼귀계(三歸戒), 삼취정계(三聚淨戒), 십중금계(十重禁戒), 사십팔경계(四十八輕戒) 등이 있으며, 소승계(小乘戒)는 오계(五戒), 팔계(八戒), 십계(十戒)와 출가인에게 계를 설하는 사미계의식(사미계, 사미니계), 구족계의식(비구 250계, 비구니 348계), 건당의식이 있으며, 일반 재가

인에게 계를 설하는 우바새(남신도) 우바니(여신도)계 의식이 있다.

3) 영혼천도의식: 재(齋)는 범어로 Uoposadha, 즉 스님들의 공양의식을 뜻한다. 이러한 재 의식은 불교의식의 발달과 더불어 점차 법회 의식으로 발전하면서 인왕백고좌도량(仁王百高座道場), 금강명경도량(金剛明經道場) 등 호국법회(護國法會)의 형식으로 진행되었다. 이것이 현재는 생자(生者: 살아 있는 자) 혹은 사자(死者: 죽은 자)들을 위해 베풀어지는 일체의 행사를 재(齋)라고 통칭하며, 대표적 천도재는 상주권공재, 시왕각배재(대례왕공재), 영산재, 수륙재, 살아 생전에 재를 올리는 생전예수재를 들 수 있다.

4) 점안의식: 점안(點眼)은 개안(開眼)이라고도 한다. 이는 새로 그리거나 조각한 불화, 불상 등에 생명력을 불어넣어 주어 신앙의 예배 대상으로 성화시키는 의식이다. 점안의식 종류는 탑을 조성 후 모시는 조탑점안, 불상점안, 나한점안, 십왕점안, 천왕점안, 가사점안, 조전점안 등이 있다. 점안은 사찰에서 불구(佛具)*를 새로 만들거나 개수하였을 때 근본 서원을 나타내기 위하여 진행한다.

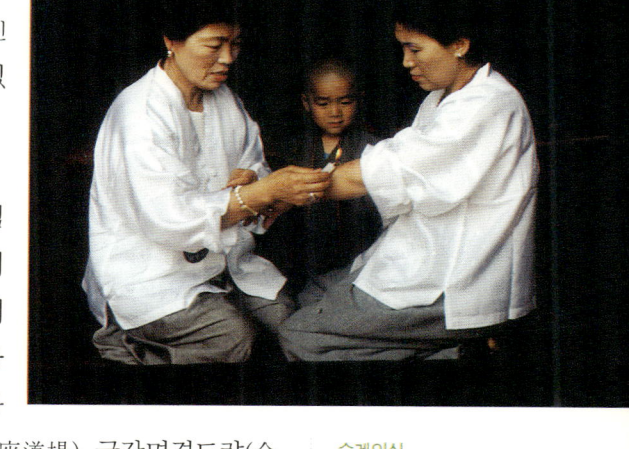

수계의식
Vowing ceremony to comply Buddhist rules

*절에서 의식 진행시 사용되는 기물.

영혼천도의식
(호국법회) (위)
Ceremony to guide the
souls of the deceased to
the heaven

점안의식(조전점안)
Ceremony to sanctify the
objects of worship with
adding a stroke

이운의식(증사이운)
Ceremony of transfer

공양의식(식당작법)
Ceremony of offering

5) 이운의식: 이운이란 자리를 옮겨 모신다는 의미이다. 야외에 단을 꾸미고 괘불을 모시는 괘불이운, 스님들의 의상 가사를 새로 지어서 착복에 앞서 모시는 가사이운, 부처님의 사리를 모셔 옮기는 불사리이운, 재(齋)의식에 쓰일 금전과 은전의 돈다라니를 옮기는 금은전이운, 그 외 경함이운, 설주이운(증사이운), 시주이운 등이 있다.

6) 공양의식: 신앙의 대상이 모셔진 각전(各殿)에 향(香), 등(燈), 다(茶), 과(果), 화(花), 미(米) 등의 공양을 올리는 의식이다. 각각의 권공 절차는 상단권공(上壇勸供), 중단권공(中壇勸供), 하단권공(下壇勸供)으로 나뉘며, 또 각단불공(各壇佛供), 제불통청(諸佛通請), 삼보통청(三寶通請), 혹은 불공의 대상에 따라 미타청, 약사청, 관음청, 지장청 외 각단에 각청(各請) 권공 의식을 말한다. 그 외 진언권공은 삼보전 등 각단에 불공을 올림에 있어서 다라니와 진언으로 공양을 권하는 것을 말한다. 그 외 삼보전

수행의식(청법의식)(위)
Ceremony of training

장례천도의식
(다비의식)
Ceremony of Buddhist funeral and guiding service for the dead

에 귀의하고 염원자의 발원을 이야기하는 축원이 있다.

7) 수행의식: 일상 수행절차의 일환으로 부처님 말씀을 듣기 앞서 법을 일러주실 것을 청하는 청법의식, 출가 수행승이 일정 기간 동안 만행을 멈추고 수행처에 머물러 안거(安居)하는 동안거·하안거의 결제 및 해제의식, 강원(講院)에서 불경(佛經)을 강의하기 전 불은(佛恩)의 고

연중행사(연등회)
Annual ceremonies
(Yeondeunghoe
[ceremony of lotus
lanterns])

마음을 표시하는 예를 올리는 강원 상강례가 있다. 그 외 일상생활의 모든 것을 수행 의식으로 본다.

8) 장례천도의식: 죽은 이를 위하여 왕생극락을 기원하고 깨달음의 법을 일러주기 위하여 거행하는 의식으로 시다림, 영결식, 다비의식, 천도의식, 시식, 49재, 100일재, 소상재, 대상재, 공일천도재, 제사와 영반 등이 있다.

9) 연중행사: 새해를 맞이하여 불은(佛恩)을 생각하고 대중이 열심히 수행할 것을 다시금 되새기며 삼보께 예를 올리는 통알, 불탄절의 관불의식(연등회, 탑돌이), 그 외 출가절, 성도절, 열반절 등의 봉축 행사와 영가천도를 위한 우란분회〔백중(百衆)·백종(百鍾)〕가 있다.

10) 법회의식: 사찰건립을 위한 불사나 불법을 설하는 모임으로 불사(佛事), 법사(法事), 팔관회(八關會), 연등회, 각종 재, 점찰법회, 결사 등을 법회의식이라 하며, 생

법회의식(방생회)
Sermonizing ceremonies (Bangsaenghoe [ceremony of setting free of confined living creature])

명의 존엄성을 일깨워 주고 살아 있는 생명을 놓아주는 방생의식도 있다.

11) 생활의례: 법당(法堂)에 대중이 모여 공양에 앞서 공양을 받게 된 공덕과 공양을 받고 수행의 의미를 다시금 되새기며 아귀를 구제하는 의식이다. 각종 진언과 작법무 등이 함께 어우러져 작법을 통해 공양의 의미를 되새기는 식당작법(食堂作法)과, 일반적으로 행하는 발우공양, 그 외 결혼식인 화혼의식 등 일상생활에서 접하는 의례를 말한다.

12) 기타: 부처님 진신사리, 고승의 사리를 친견하고 예배하는 법회인 사리회와 법화경, 화엄경 등 경전 등을 배우고 익히기 위해 쓰는 사경(寫經), 석경(石經), 송경(誦經), 강경회(講經會)가 있다. 그 외 불상을 조성하고 불신력을 상징하는 불사리, 다라니, 경전 등을 넣는 복장의식(腹藏儀式)이 있다.

이러한 불교의식의 진행은 전문의
식과 일용의식으로 나뉘어 진행되는
데, 예경의식, 수계의식, 공양의식,
수행의식, 법회의식 등 일상적인 생
활에서 행하는 의식은 일반 사찰에
소속된 스님들에 의해 평염불과 몇
몇 안채비소리를 중심의 일용의식으
로 이루어지고, 그 외 의식들은 전문
적 의식으로 진행된다.

전문적 의식은 범패와 무용 등을
배운 스님들에 의해 진행되며, 전문
적 의식의 학습 과정은 먼저 상주권
공재(常住勸供齋), 시왕각배재(十王
各拜齋), 영산재(靈山齋)의 홋소리
를 배운 후 그 다음 짓소리 15곡 및
안채비 소리 과목인 사명일대령(四
明日對靈), 중례(中禮), 생전예수재
(生前豫修齋), 다비문(茶毘文), 점안
의식(點眼儀式), 각종시식(各種施
食)과 영반(靈飯), 각종소(各種疏),
순당(巡堂), 각종식순절차, 소대전송절차, 시다림, 관음예
문(觀音禮文), 신중대례(神衆大禮), 수륙재(水陸齋) 순으
로 전문적으로 배우며, 불교무용은 범패의 학습과정에서
함께 배우게 된다.

하지만 현재 불교의식의 진행은 재의 규모에 따라 전문

생활의례(운력) (위)
Buddhist Etiquettes

고승사리수습 (아래)

성을 필요로 하는 의식이라도 일반적(一般的)인 일용의식인 평염불(平念佛)로 간단히 재(齋)를 구성해 나가고 있다.

2. 무용 반주 음악

불교무용은 아무런 반주음악 없이 행해지는 것도 있지만, 일부는 반주 음악이 따른다. 작법무 반주 음악은 성악 반주로 범패가 사용되며, 기악의 경우 삼현육각 및 사물과 호적반주가 사용된다.

바라춤 성악반주

1) 성악 반주

불교음악은 불교의식 전체에 사용되어지는 음악을 가리키며, 이를 세분화하면 부르는 형식에 따라 평염불, 전문적 염불(범패), 찬불가로 나눌 수 있다.

범패는 불교의식에서 사용되는 모든 음악을 총칭하기도 하고, 의식을 전문적으로 하는 스님들에 의해 불리어지는 음악만을 말하기도 한다.

　범패의 종류: 일반적인 모든 스님이나 재가 불자가 쉽게 염송하는 것을 평염불이라고 하고 전문적 음악만을 일러 범패라 한다.

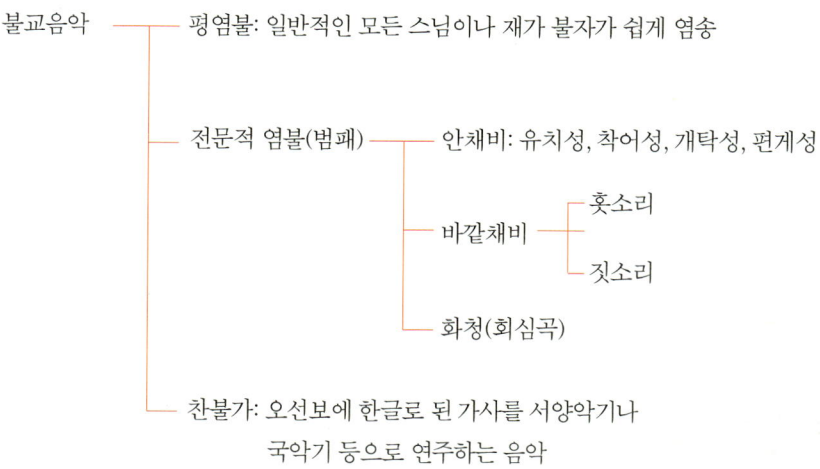

　전문적 염불인 범패는 안채비, 바깥채비, 화청으로 나뉜다. 안채비의 가사는 주로 한문으로 된 산문 형식이고, 보통 음악 선율이 단조롭다. 안채비는 유치성, 착어성, 편게성, 개탁성 등 사성(四聲)으로 나뉜다. 바깥채비는 홋소리와 짓소리로 4·6체 및 산문 형식의 짧은 가사임에도 불구하고 안채비와 달리 소리의 길이가 길게 이어진다. 화청은 축원 화청을 가리키며 산문의 글 형식을 띠며 곡조는 개개인마다 독특하고 자유롭다. 또 화청에 회심곡을

기악반주

포함하기도 한다. 회심곡은 순수 한글로 된 4·4조 글을 특별한 형식을 갖추지 않고 작창(作唱)하는 스님에 따라 자유롭게 곡조를 구성하거나 가사를 창작하여 부른다. 그 외 찬불가는 오선보에 한글로 된 가사를 서양악기나 국악기 등으로 창작하여 연주하는 음악이다.

불교무용 진행시 범패는 바라춤과 나비춤에서만 사용된다.

바라춤의 경우 7종류 가운데 천수바라, 사다라니바라, 화의재진언바라는 각기 다라니와 진언을 홋소리 및 태징장단에 맞추어 무용이 이루어지며, 명바라, 관욕쇠바라, 내림게바라, 요잡바라 등은 홋소리가 없고 태징박자에 맞추어 무용이 이루어진다.

나비춤의 경우 18종류 가운데 향화게작법, 도량게작법, 다게작법, 삼귀의작법, 모란찬작법, 오공양작법, 구원겁중작법, 자귀의불작법, 정례작법, 지옥고작법, 운심게작법, 삼남태작법, 대각석가존작법, 옴남작법, 창혼작법 등은 홋소리와 태징장단에 맞추어 무용이 이루어지며 기경작법, 사방요신작법 등은 홋소리가 없고 태징박자에 맞

추어 무용이 이루어진다. 그 외 만달작
법은 제목만 전하며 범패 및 반주에 대
하여 알 수 없다. 타주무는 평염불 및
훗소리로 진행되며 사물 반주로 구성
된다. 법고무는 범패가 쓰이지 아니하
고 태징 및 사물 반주로 구성되어진다.

2) 기악 반주

작법무의 기악 반주와 삼현육각 및
호적과 사물 등 악기는 태징, 법고(法
鼓: 북), 목어(木魚: 목탁), 바라, 그리고
요령 등 소사물(小四物)이 사용된다.
태징은 지옥중생(地獄衆生)의 제도를
위해 사용되고, 법고는 세간(世間: 인간계)과 축생(畜生: 짐
승)의 제도를 위해 사용된다. 목어(木魚)는 수륙중생(水陸
衆生)*을 위해 사용된다. 그리고 바라는 바라무를 할 때
사용하는 것이고, 호적과 삼현육각은 재(齋) 진행시 음악
연주용으로 사용한다. 재진행시 사찰에서 연주하는 호적
가락은 5종으로 취타가락, 염불가락, 내림게가락, 능게가
락, 요잡가락이 있다.

나비춤 기악반주

*물에서 사는 중생

(1) 바라춤

재에서 사용하는 7종의 바라무는 요잡바라, 내림게바
라, 관욕게바라, 천수바라, 사다라니바라, 명바라, 화의재
진언바라로 모두 호적, 사물, 삼현육각으로 반주한다. 이

중 호적가락의 사용은 명바라, 요잡바라는 요잡가락을 연주하고 내림게바라, 천수바라, 화의재진언바라는 내림게(천수바라)가락을, 관욕게바라는 염불가락과 내림게가락을, 사다라니바라는 자진 염불가락과 내림게가락이 연주된다.

▼ 법고춤(사물)
▼▼ 기악반주

(2) 나비춤

나비춤 반주는 호적, 사물, 삼현육각으로 하고 호적은 염불가락만 연주한다.

(3) 법고춤

법고춤은 호적, 사물, 삼현육각으로 반주한다. 그리고 여기서 사용되는 음악은 자진 염불가락과 휘모리가

락이 사용되는데 느린 박자에서는 자진 염불가락이, 점점 빠른 박자에서는 휘모리가락이 쓰인다.

(4) 타주춤

타주무는 광쇠박자에 이루어지므로 반주 음악이 쓰이지 않는다.

〈표1〉 불교무용에 사용되는 반주 음악

의식구성	나비춤	바라춤	법고춤	타주춤
범패	홋소리	홋소리	X	평염불
기악 반주	호적/사물/삼현육각	호적/사물/삼현육각	호적/사물/삼현육각	사물 가운데 광쇠/경쇠 사용

불교무용에 사용되는 반주음악은 범패와 기악반주로 이루어진다. 범패는 홋소리가 사용되고, 기악반주는 태평소, 사물, 삼현육각으로, 태평소는 취타가락, 능게가락, 내림게가락, 염불가락, 요잡가락 등 5가지가 연주된다.

나비무와 바라무에는 홋소리가 사용되고 법고무에는 범패가 사용되지 않는다. 그리고 나비무, 바라무, 법고무에 사용되는 기악반주는 모두 호적과 사물, 삼현육각으로 반주한다.

타주무의 진행은 평염불 및 홋소리 진행 및 사물 반주로 구성된다. 법고무는 태징 및 사물 반주만으로 구성되어지며 이러한 반주음악은 범패의 학습과정에서 익히게 된다.

경남 하동 쌍계사
감로탱화(1728)

서울 신촌 봉원사
감로탱화 Ⅰ, Ⅱ

3. 복식

불교의식 진행시 범패를 부를 때와 무용을 할 때 각각 다른 의상을 입고 한다. 조선시대 불교탱화에서 보이는 무용 의상은 다양한 색과 무복 양식이 사용되었고, 현재 중요무형문화재 제50호 영산재 진행시의 의복 형태도 조선시대와는 다르다.

조선조 감로탱화에 그려진 바라춤, 법고춤의 가사는 백색, 홍색, 남색이 사용되었고, 장삼은 흰색, 검정, 회색 등 시대에 따라 색의 종류가 다양하다.

▼ 회색장삼, 홍색가사
▼▼ 육수장삼, 육수가사
(바라춤)

조선시대와 현행 영산재 악기 및 복식형태

1. 복식은 색깔과 착용 형식이 변화되어 조선시대 법고춤의 경우 원래 가사와 장삼을 입고 머리에 두건이나 모자를 쓰고 한다.
2. 현행 법고춤 의상은 나비춤 의상인 육수장삼과 가사를 입고 버선을 착용한다.
3. 나비춤, 타주춤의 가사는 홍색 위에 영자는 오색(청, 황, 적, 백, 흑)천으로 된 가사를 사용하며 오색가사를 육수가사라고도 한다.
4. 장삼은 흰색, 검정, 청색 등으로 바라춤, 법고춤 장삼과 달리 소매가 길게 늘어진 장삼을 사용하며, 머리에는 탑모양의 고깔을 쓰고 무용이 이루어진다.

회색장삼, 남색가사
(바라춤)

〈표2〉 조선시대 탱화에 나타난 복식과 현행 영산재 복식 비교 및 반주 악기

작법/복식/반주	조선시대 감로탱화에 나타나 있는 복식 및 법구	현행 영산재에서 착용하는 복식 및 법구	반주악기
바라춤	가사(백색, 홍색, 남색), 장삼(흰색, 검정, 회색), 육수가사(홍색 위에 영자는 오방색), 고깔, 버선	가사(홍색), 장삼(회색), 육수장삼(흰색), 육수가사(홍색 위에 영자는 오방색), 버선	태징, 목탁, 취타악, 바라, 북, 삼현, 육각
나비춤	육수장삼(흰색), 육수가사(홍색 위에 영자는 오방색), 고깔(노랑), 버선, 광쇠, 꽃	육수장삼(흰색), 육수가사(홍색 위에 영자는 오방색), 고깔(노랑, 흰색), 버선, 꽃	태징, 북, 목탁, 취타악, 삼현, 육각
타주춤	육수장삼(흰색, 녹색), 육수가사(홍색 위에 영자는 오방색), 고깔(노랑)에 버선을 신고 판장을 가지고 있는 모습만 나타나 있다.	육수장삼(흰색), 육수가사(홍색 위에 영자는 오방색), 고깔(노랑, 흰색), 버선, 팔정도, 타주채	식당작법시 광쇠. 태징과 삼현, 육각, 취타악
법고춤	가사(백색, 홍색, 남색), 장삼(흰색, 검정, 회색), 육수장삼, 육수가사(홍색 위에 영자는 오방색), 고깔(노랑, 흰색), 두건(검정, 녹색), 북채	가사(홍색), 장삼(회색), 육수장삼(흰색), 육수가사(홍색 위에 영자는 오방색), 북채	태징, 목탁, 북, 취타악, 삼현, 육각

조선시대와 현행 영산재 복식비교

1. 조선시대 탱화엔 바라춤의 경우 두건이나 고깔을 쓰고 하였으나 현행 영산재에서는 아무 것도 쓰지 않는다.

흰색 육수장삼, 육수가사
(위)
청색 육수장삼, 육수가사
(아래)
—나비춤

2. 바라춤의 경우 춤의 의상이 가사(홍색), 장삼(회색), 육수장삼(흰색), 육수가사(홍색가사 위에 영자는 오방색), 버선 등으로 단순화되었다.

3. 나비춤의 경우 의상은 동일하며 다만 탱화엔 손에 꽃이나 광쇠를 들고 하였으나 현재는 꽃만 들고 한다. 고깔의 형태로 현재 흰색이 추가되었다.

4. 타주춤은 볼 수 없고 나무로 된 판장을 손에 들고 있지만, 현행 영산재 의식에서는 두 스님이 팔정도를 중심

〈표3〉 현행 영산재 진행 시 신체 각 부분별 무용 의상 및 법구

종류	바라춤	나비춤	타주춤	법고춤
머리	예전의 경우 모자를 쓰고 하였으나, 현재는 쓰지 않음	고깔	고깔	예전의 경우 모자를 쓰고 하였으나, 현재는 쓰지 않음
상하의	가사, 장삼 육수장삼, 육수가사	육수장삼, 육수가사	육수장삼, 육수가사	예전의 경우 바라춤과 동일한 가사, 장삼만 입고 하였으나 현재는 나비춤 의상을 입고하기도 한다.
손	바라(동발, 요발)	예전에 한 손에 광쇠, 다른 한 손은 광쇠채, 현재는 꽃을 들고 한다.	양손에 1개의 타주채를 가지고 한다.	양손에 각각의 법고채 1개씩을 가지고 한다.
발	버선	버선	버선	버선
기타		1개의 광쇠 대신 양손에 꽃을 들고 한다.	팔정도를 가운데 두고 무용이 진행된다.	북 앞쪽은 무용을 하는 스님이, 뒤편은 북가락을 울리는 반주자 스님이 서게 된다.

타주춤 *Tajumu*

으로 타주채를 하나씩 들고 무용이 이루어지며 모두 버선을 착용한다.

5. 법고춤의 경우 여러 색깔과 형태의 의상과 두건을 사용하였으나 현재는 가사(홍색), 장삼(회색), 육수장삼

(흰색), 육수가사(홍색가사 위에 영자는 오방색) 등 간단한 의상으로 변화되었고 두건도 사용하지 않는다.

6. 무용에 수반되는 반주악기는 동일하다. 다만 조선시대는 스님들이 모두 연주하였지만 현재는 호적을 제외한 삼현, 육각은 일반인들이 연주한다.

법고춤 *Beopgomu*

3. 불교무용의 유형과 분류

불교무용 작법무는 4종으로 바라춤, 나비춤, 법고춤, 타주춤이다.

이러한 춤들은 재의 규모와 의식 진행시 범패의 가사와 악기 반주에 따라 무용이 이루어지며, 무용을 할 때의 의상은 가사와 장삼, 육수장삼과 육수가사를 수(입고)한다.

1. 바라춤

바라춤은 동(銅)으로 만든 악기를 양손에 들고 춤을 추는데 ①천수바라, ②사다라니바라, ③화의재진언바라, ④관욕쇠바라, ⑤명바라, ⑥요잡바라(보통바라, 번개바라), ⑦내림게바라 등 홋소리와 기악 및 사물반주에 맞추어 무(舞)가 이루어지는 것이 특징이다.

바라춤(천수바라)
Baramu(Cheonsu-bara)

바라춤 *Baramu*

1) 천수(千手)바라(홋소리/사물반주)

천수경 가운데 신묘장구 대다라니 가사에 맞추어 무가 진행된다.

○○○○○ 나모라 다나 다라 야야 나막 알약 바로
　　　　　　　　○　　○○　　○○　　○○　　○○

기제 새바라야 ○○○○ 모지 사다 바야 마하 사다
○○　●●●　　　　○　　○○　　○○　　○○

바야 마하가로 니가야 옴 살바 바예수 다라나 가라야
○○　●●●●　　○○　　　○○　　●●●　　○○

다사명 나막 가리 다바 이맘 알야 바로기제 새바라
　○　　○○　　○○　　○○　　●●●　　○○

다바 니라 간타 나막 하리나야 마발다 이사미 살바타
○　○○　○○　●●●　○○　　○○　○○

사다남수반
●●●●●

아예염살바 보다남 바바 말아 미수다감 다냐타오옴
●●●　　○○　　○○　●●●●●

아로계 아로가 마지 로가 지가 란제 혜혜 하례
○○　○○　○○　○○　○○

마하모지 사다바 삼마라 삼마라 하리 나야 구로
●●●●

구로갈바 사다야 사다야 도로 도로 미연제마하 미연제
●●●　○○　○○　●●●　○○

다라 다라 다린나례 새바라 자라 자라마라 미마라
○　●●●　　○　●●●　○○

아마라몰제 예헤혜로계 새바라라아 미사미 나사야 나베
●●●●● ●●●●●   ○○   ○○

사미사미 나사야 모하 자라 미사미 나사야 호로 호로
● ●●─● ○○ ○ ○ ○ ○ ○ ○

마라 호로하례 바나마 나바 사라 사라 시리 시리
○○ ●─●─● ○○ ○ ○ ○ ○ ○

소로 소로 못쟈못쟈 모다야 모다야 매다 리야 니라간타
○○ ○○ ●─●─● ○○ ○○ ○ ○○ ●●●●

가마사 날사남 바라 하리 나야마낙 사바하 싣다야
 ○○ ○○ ○ ○ ●─●─● ○○

사바하마하 싣다야 사바하 싣다 유예 새바라야
●●●●● ○○ ○○ ○○ ●─●─●

사바하니라 간타야 사바하 바아라 목카 싱하
●●●● ○○ ○○ ○○ ○○

목카야 사바하 바나마 하따야 사바하 자가라 욕따야
 ○○ ○○ ○○ ○○

사바하상카 섭나녜 모다 나야 사바하 마하라구타 다라야
●●●● ○○ ○○ ●─●─● ○○

사바하바마 사간타이사 시체다 가릿나 이나야 사바하
●●●●● ●●●●● ○○ ○○ ○○

먀가라 살마이바 사나야 사바하 나모라 다나 다라 야야
○○ ● ●─● ○○ ○○ ○

나막 알야 바로 기제 새바라야 사바하 ㅇ-ㅇ-ㅇ ㅇㅇㅇ
○○ ○○ ○○○○ ●─●─● ○○

천수바라춤 해석

Namo ratna-trayaya
(나모 라다나 다라야야)
'삼보께 귀의합니다.'

namah aryavalokitesvaraya bodhisttvaya mahasattvaya mahakarunikaya
(나막 알약바로기제새바라야 모지사다바야 마하사다바야 마하가로니가야)
"크나큰 자비의 성관자재보살마하살께 귀의합니다."

Om sarva-bhayesu trana-karaya tasmai namas
(옴 살바 바예수 다라나가라냐 다사명 나막)
"아! 모든 두려움 가운데 피난처 되어지는 그에게 귀의합니다."

krtva imam aryavalokitesvara-stavam Nilakanthanama
(가리다바 이맘 알약바로기제 새바라다바 니라간타 나막)
"청경의 명호인 성관자재 찬가를 기억하면서 귀의합니다."

hrdayam vartayisyami sarvatha-sadhanam subham
ajeyam sarva-bhutanam bhava-marga-visodh-akam
(하리나야 마발다이사미 살발타 사다남 수반 아예염 살

바보다남 바바마라 미수다감)

"저는 '복과 필승 등 일체의 이익 성취와 일체 중생들의 삶의 길에 있어서의 청정(열반)'을 바라는 (저의) 마음을 닦아나가겠습니다."

tadyatha om aloka e, aloka-mati lokatikranta ehy-ehi Hare

(다냐타 옴 아로게 아로가 마지로가아 지가란제 헤헤하레)

"아! 관하여 보는 자시여! 출세간의 마음, 세속을 초월한 자시여! 오소서 관자재시여!"

mahabodhisattva smara-smara hrd-ayam

(마하모지사다바 사마라 사마라 하리나야)

"저의 마음을 기억하소서 기억하소서. 대보살이시여!"

kuru-kuru karma sadhaya-sadhaya

(구로구로 갈마 사다야 사다야)

"의식을 행하소서, 행하소서! (그리하여 저희의) 목표가 달성케 되기를…"

dhuru-dhuru vijayanta e mahavijayanta e

(도로 도로 미연제 마하 미연제)
"수호하소서, 수호하소서! 〈승리자〉시여! 〈대 승리자〉시여!"

dhara-dhara dharanimdharesvara
(다라 다라 다린나례 새바라)
"지지하소서, 지지하소서, 〈능히 대지를 지지하는 신〉이시여!"

cala-cala malla vimalamala-murtte re
(자라자라 마라 미마라 아마라 몰제 예)
"움직이소서 움직이소서 말라(神)이시여! 부정을 여읜 청정한 무르떼(神)이시여!"

ehy-ehi okesvara raga-visam vinasaya dvesa-visam vinasaya moha-jala-visam vinasaya
(혜혜 로게새바라 라아 미사미 나사야 나베사 미사미 나사야 모하자라 미사미 나사야)
"오소서, 오소서 '세자재' 시여! 탐욕의 독을 파괴하시고, 진에의 독을 파괴하시고, 치암(어리석음)의 얽혀짐의 독을 파괴하소서!"

huluhulu malla hulu Hare Padmanabha
(호로호로 마라호로 하례 바나마 나바)
"기쁘도다! '말라(神)' 시여! 기쁘도다! '관자재' 시여, '파드마나바' 시여!"

sarasara sirisiri suru-suru buddhya-buddhya bodhaya-bodhaya

(사라사라 시리시리 소로소로 못자못자 모다야 모다야)

"이리 저리 좌우로 움직이소서, 흐르소서! (무루무루(神)시여!) 비추어 식별함으로서 깨닫게 (이룩하게) 하소서!"

maitriya Nilakantha kamasya darsanena prahladaya manah svaha

(매다리야 나라간타 가마사 날사남 바라하라나야 마낙 사바하)

"정이 깊은 '청경' 이시여! 즐거움의 마음을 성찰함으로서, 쁘라흐라다(神)께 영광이 있기를!"

siddhaya svaha mahasiddhaya svaha siddhayogesvaraya svaha

(싯다야 사바하 마하싯다야 사바하 싯다 유예 새바라야

사바하)

"성자께 영광이 있기를, 대 성자께 영광이 있기를! 성자, 〈요가의 주〉께 영광이 있기를!"

Nilakanthaya svaha

(니라간타야 사바하)

"'청경'께 영광이 있기를!"

varahamukha-simhamukhaya svaha

(바라하 목카 싱하 목카야 사바하)

"멧돼지의 용모, 사자의 용모를 갖춘 자께 영광이 있기를!"

padma-hastaya svaha

(바나마 핫다야 사바하)

"'연꽃을 손에 쥔 자'께 영광이 있기를!"

cakrayudhaya svaha

(자가라욕다야 사바하)

"'챠크라(원반 모양의 무기)를 손에 쥔 자'께 영광이 있기를!"

sankha-sabda-nibodhanaya svaha

(상카섭나네 모다나야 사바하)

"'소라 고동 소리를 듣는 자'께 영광이 있기를!"

mahalakutadharaya svaha

(마하라 구타다라야 사바하)
" '큰 방망이를 지지하는 자' 께 영광이 있기를!"

vama-skanda-desa-sthita-krsnajinaya svaha
(바마사간타 니사시체다 가릿나 이나야 사바하)
"왼쪽 공격자 쪽에 있는 '흑색 성자' 께 영광이 있기를!"

vyaghra-carma-nivasanaya svaha
(먀가라 잘마 이바사나야 사바하)
" '호랑이 가죽을 착용한 자' 께 영광이 있기를!"

namo ratna-trayaya namah aryavalokitesvaraya svaha
(나모라 다나 다라야야 나막 알약 바로기제 새바라야 사바하)
"삼보에 귀의합니다. 성관자재께 귀의합니다. 영광이 있으소서!"

— 정각 『천수경 연구』(운주사, 1996) 참조

천수바라무는 천수천안 대자대비 관세음보살의 비밀스런 주문의 가사로 바라무가 이루어진다.

위의 가사는 불교 경전의 하나로 일반 불자대중들에게 널리 읽혀지는 천수경(千手經) 가운데 일부 게송이다. 대중스님들이 홋소리로 천수경의 대비신주를 사물 가락에 맞추어 소리하고 이에 맞추어 바라무를 한다.

2) 사다라니바라(훗소리/사물반주)

사다라니는 아귀 중생에게 공양을 베풀어주는 네 가지 진언으로서, 상단권공 의식 절차 가운데 특사가지 다음에 행해지는 의식으로 다음과 같은 가사에 맞추어 바라무를 한다.

南 無 十 方 佛　　法　　僧(나 무 시 방 불　　법　　승)
○　○　○　○　　○

南 無 十 方 佛　　法　　僧(나 무 시 방 불　　법　　승)
○　○　○　○　　○

南 無 十 方 佛　　法　　僧(나 무 시 방 불　　법　　승)
○　○　○　○　○　●　○

바라춤 *Baramu*

무량 위덕 자재 광명 승묘력 변식시 다라니 나막
ˋ　ˋ　ˋ　ˋ　ˋ　ˋˋ　　○─●　○○○○

살바 다타 아다야 바로 기제 오옴 삼마 라 삼마 라
○○○○ ○○ ○○ 　○ 　○○ 　○○ 　○○ ○ 　○○

오옴 나막 살바다타 아다야 바로 기제 오옴 삼마 라
○○ 　○○ ●●●● 　○○ 　○ 　○○ 　○○ 　○

삼마 라 오옴 나막 살바다타 아다야 바로 기제 오옴
○○○○ 　○○ ●●●● 　○○ 　○ 　○○ 　○○

삼마라 삼마라아훔 ○○○○
○○○○ ○○●●●●

【시감로수진언(施甘露水眞言)】

나무소로 바아야 다타 아다 혜혜 다냐타옴
○　○●　○○　○　○○　○○　○○●●●

소로 소로바라 소로 바라소로 사바하 나무소로
○○　○　●●　○　●●　○○　○○

바아야 다타 아다 혜혜 다냐 타옴
○○　○　○○　○○　●●●

소로 소로바라 소로 바라 소로 사바하 나무소로
○○　○　●●　○　○　○○　●●●

바아야 다타 아다 혜혜 다냐 타옴
○○　○　○○　○○　●●●

소로 소로바라 소로 바라소로○○○○
○○　○　●●　○○　●●●

【일자수륜관진언(一字水輪觀眞言)】

옴 바옴바옴 밤바옴
○ ●●●─● ○○

옴 바옴바옴 밤바옴
○ ●●●─● ○○

옴 바옴바옴 밤바옴
○ ●●●─● ○○●●

【유해진언(乳海眞言)】

나무 사만다 못다 남오옴 바예염나무 사만다
○● ○○ ●●●● ●●●●● ○○

못다 남오옴 바예염나무 사만다
●●●─● ●●●●● ○○

못다 남오옴 바예염
　　　　　　●●●●
●●●─● ○○○○○ ○○○○ ○ ○ ○운심공양진언
○○○○

南無十方佛法僧(나무시방불법승): 시방의 불법승에게 귀의합니다.

無量威德 自在光明 變食眞言(무량위덕 자재광명 변식진언)
나막살바다타아다 바로기제 옴 삼바라 삼바라훔(3번)

바라춤 Baramu

施 甘露水眞言(시 감로수진언)
나무소로 바아야 다타 아다 혜혜 다냐탸 옴 소로 소로바라 소로 바라소로 사바하(3번)

一字水輪觀眞言(일자수륜관진언)
옴 바옴바옴 밤바옴(3번)

乳海眞言(유해진언)
나무 사만다 못다남 오옴 바예염(3번)

3) 화의재진언(化衣財眞言)바라(홋소리/사물반주)
 화의재진언은 관욕(영혼으로 하여금 부처님전에 나아가기 앞서서 청정한 마음을 갖도록 간단히 법을 설하는)의식시 진행되어지는 무용이다.

나모 사만다 못다남옴 바자나 비로기제 사바하나모
○● ○○ ●●●●● ○○ ●●●● ●●●●

사만다 못다남옴 바자나 비로기제 사바하나모
○○ ●●●●● ○○

사만다 못다남옴 바자나 비로기제 사바하
●●● ●●●●● ○○ ●●●● ○○○○○○○

화의재란 종이로 만든 옷(紙依)을 태워 법의(法依: 부처님의 깨달음의 법문으로 이루어진 옷)를 영혼에게 입히는 의식이다. 즉 해탈의 옷을 입은 영가(영혼)가 삼업(三業)을 말끔히 닦고, 불법(佛法)을 들을 마음과 자리가 모두 청정해졌음을 의미한다. 진언은 독창으로 홋소리를 하며, 태징에 맞추어 바라무를 한다.

가사는 다음과 같다.

裹謨 三滿多 沒多南 唵 婆左那 毘廬枳帝 娑婆訶(3번)
(나모 사만다 못다남 옴 바자나 비로기제 사바하)

4) 관욕게바라(홋소리 후/사물반주)

관욕 절차시 목욕진언에서 다음과 같은 가사를 대중이 홋소리로 부른 후 시작된다.

唵 婆多謨 娑尼沙 阿謨佉 阿隷 吽(3번)
(옴 바다모 사니사 아모카 아례 훔)

목욕진언에서의 훗소리가 끝나면 곧바로 관욕쇠 태징을 울리고, 그러면 두 스님이 관욕방 앞에 나아가 관욕쇠에 맞추어 관욕게바라무를 한다.

이때 관욕게바라의 가사는 없고 사물 및 반주가락에 맞추어 무가 진행된다.

5) 명(鳴)바라(사물반주)

신중작법 진행시 가사는 없고 반주 가락에 맞추어 무가 진행된다.

6) 요잡바라(훗소리/사물반주)

작법 진행시 가사는 없고 요잡태징과 반주 가락에 맞추어 무가 진행된다. 일명 보통바라, 번개바라, 요잡바라라 하며 바라무의 기본이 되는 무용이다.

7) 내림게(來臨偈)바라(사물반주)

향화청은 대중창으로 "산화락(散花洛)(3회) 후 원강도량 수차공양(3회)" 후 태징에 맞추어 내림게바라무를 한다.

작법 진행시 가사는 없고 요잡태징과 반주 가락에 맞추어 무가 진행된다.

2. 나비춤

육수장삼과 육수가사를 입은 스님이 불보살(佛菩薩) 찬탄과 공양의 의미를 담고 있는 소리에 맞추어 느린 춤사위를 구사하는데, 이는 정적(靜的)인 춤사위라 할 수 있다.

①향화게작법 ②도량게작법 ③다게작법 ④삼귀의작법 ⑤모란찬작법 ⑥오공양작법 ⑦구원겁중작법 ⑧자귀의불작법 ⑨정례작법 ⑩지옥게작법 ⑪거경작법 ⑫사방요신작법 ⑬운심게작법 ⑭만다라작법 ⑮삼남태작법 ⑯대각석가존작법 ⑰옴남작법 ⑱창혼작법

나비춤(1인무) Nabimu

1) 향화게작법(香花偈作法)(홋소리/사물반주)

향화게는 공양 찬탄의 게송으로 나비무가 이어지며, 홋소리로 불려진다. 가사는 아래와 같다.

願此香花遍法界(원차향화변법계) … 원하옵건대 이 향기로운 꽃이 법계에 가득하여

以爲微妙光明臺(이위미묘광명대) … 미묘한 향내음이 광명대가 되게 하옵소서.

諸天音樂天寶香(제천음악천보향) … 모든 하늘(천상계)음악이 천보의 향이요

諸天肴饍天寶衣(제천효선천보의) … 모든 하늘 좋은 음식이 천보의 옷이로다.

不可思議妙法塵(불가사의묘법진) … 가히 생각할 수 없는 기묘한 법진

一一塵出一切佛(일일진출일체불) … 하나하나 티끌에서 벗어나니 일체가 부처님이요

一一塵出一切法(일일진출일체법) … 하나하나 티끌에서 벗어나니 일체가 법이고

旋轉無碍好莊嚴(선전무애호장엄) … 무애한 세계를 돌아서니 좋게 장엄되었네.

遍至一切佛土中(변지일체불토중) … 일체 불국토에 이르니

十方法界三寶前(시방법계삼보전) … 시방법계가 삼보전에 두루하사

皆有我身修供養(개유아신수공양) … 모두 나의 몸 닦아서 공양하오니

一一皆悉遍法界(일일개실변법계) … 하나하나가 모두 법계에 두루하며

彼彼無雜無障碍(피피무잡무장애) … 제각기 잡됨과 장애가 없으며

盡未來際作佛事(진미래제작불사) … 미래세가 다하도록 불사를 지으며

普熏一切諸衆生(보훈일체제중생) … 널리 일체중생 가르치며

蒙熏皆發菩提心(몽훈개발보리심) … 모두 보리심을 발하게 하여

同入無生證佛智(동입무생증불지) … 함께 무생에 들어가서

불지를 증득하고

供養已歸命禮三寶(공양이귀명례삼보) … [서로 돌고] 공양을 마치고 삼보전에 돌아가 예를 올리네.

2) 도량게작법(道場偈作法)(훗소리/사물반주)

도량게(道場偈)는 불보살을 봉청(奉請)*할 도량(장소를 지칭)을 청정(淸淨)하게 하는 의식으로서, 다음과 같은 가사를 훗소리로 부르며 나비무가 진행된다. 대중창(大衆唱)으로 다음과 같은 가사를 부른다.

*모셔온다는 의미

道場淸淨(嚴靜)無瑕穢(도량청정(엄정)무하례) … 도량을 청정하게 하였으니
三寶天龍降此地(삼보천룡강차지) … 삼보와 천룡은 여기에 강림하시어
我今持誦妙眞言(아금지송묘진언) … 우리가 이제 묘한 진언 읊나니
願賜慈悲密加護(원사자비밀가호) … 원컨대 자비를 내리소서.

위의 가사에 맞추어 도량게작법을 하고 위 가사가 끝나면 나비무와 바라무를 동시에 하며, 이때 나비무는 사방요신을 하고, 바라무는 요잡바라를 한다. 나비무와 바라무가 끝나면 법고무를 한다.

3) 다게작법(茶偈作法)(훗소리/사물반주)

다게(茶揭)는 불보살에게 차(茶)를 공양하는 의식 절차

로서, 나비무가 진행되며 다음과 같은 가사를 홋소리로 대중창(大衆唱)으로 부른다.

今將甘露茶(금장감로다) … 이제 특별히 마련한 감로의 차를 가지고
奉獻三寶前(봉헌삼보전) … 삼보전에 올리옵니다.
鑑察虔懇心(감찰건감심) … 말로 표현할 수 없는 간절한 정성 살펴주시어
願垂哀納受(원수애납수)(3번) … 원컨대 자비심으로 받아 주소서.

다게작법 진행은, 먼저 욕건이게송 '욕건만다라 선송 정법계진언(欲建曼拏野 先誦 淨法界眞言)'을 독창으로 부른 후 '옴 남(唵喃)' 소리에 맞추어 나비무가 이어지고, 나비무는 '옴남' 작법소리 끝에 쇠를 몰아 띄고 다게작법과 연결되어 진행된다.

4) 삼귀의작법(三歸依作法)(홋소리/사물반주)
아래의 가사를 홋소리로 부르며 나비무가 이어진다.

三覺圓 萬德具 天人阿 調御師 阿阿吽
(삼각원 만덕구 천인아 조어사 아아훔)
凡聖 大慈父 從眞界 等應持 悲化報
(범성 대자부 종진계 등응지 비화보)
竪窮阿 三際時 橫偏十方處 震法雷 鳴法鼓

(수긍아 삼제시 횡변시방처 진법뇌 명법고)

廣敷阿 權實敎 阿阿吽 大開方便路

(광부아 권실교 아아훔 대개방편로)

若歸依 能消滅地獄苦 (약귀의 능소멸지옥고)

　삼각*이 원만하여 만덕을 갖추었으니 천인이며 조어사이니

　범부와 성인의 큰 자비의 아버지며 진계 좇아 평등을 응당 지니며 자비의 화연인 보신이며

　위로는 과거, 현재, 미래 시(時)까지, 옆으로는 시방세계 곳곳에 두루하여 법의 우레 진동하고, 법의 북 울리며

　널리 권교와 실교를 펼쳐 대 방편의 길을 열며

　만약 귀의하면 능히 지옥의 고통을 녹여 없애나니라.

*부처님의 세 가지 각(覺).

5) 모란찬작법(牧丹讚作法)(홋소리/사물반주)

모란찬에서는 다음과 같은 가사를 홋소리로 부르며 나비무가 이어진다.

　牧丹芍藥 蓮華爲尊貴(모란작약 연화위존귀) … 모란 작약 연화는 존귀한 것이어서

　曾與如來 親足眞金體(증여여래 친족진금체) … 일찍이 여래와 더불어 진금체를 친히 족함이라

　九品池中 化生菩提子(구품지중 화생보리자) … 구품연못 중에 보리좌에 화생하였으니

　不惜金錢 買獻龍華會(불석금전 매헌용화회) … 금전을 아끼지 않고 보시하여 용화회상에 올리옵니다.

나비춤(2인무) Nabimu

6) 오공양작법(五供養作法)(홋소리/사물반주)

아래의 가사를 홋소리로 부르며 나비무가 이어진다.

【上來加持 已訖變化無窮以此香需 特伸供養 香供養 燃香供養 燈供養 燃燈供養 茶供養 仙茶供養 花供養 仙花供養 果供養 仙果供養 米供養 香米供養 不捨慈悲 受此供養 惟願諸佛 哀降道場 受此供養 상래가지 이흘변화무궁이차향수 특신공양 향공양 연향공양 등공양 연등공양 다공양 선다공양 화공양 선화공양 과공양 선과공양 미공양 향미공양 불사자비 수차공양 유원제불 애강도량 수차공양】

부처님의 가지력으로 변화무궁한 이 향기로운 음식 특별히 펼치나니 향공양을 연향공양으로, 등공양을 연등공양으로, 다(차)공양을 선다공양으로, 화(꽃)공양을 선화공양으로, 과(과일)공양을 선과공양으로, 미(쌀)공양을 향미공양으로, 위없는 자비로써 이 공양을 올립니다.

7) 구원겁중작법(久遠劫中作法)(짓소리후 홋소리/사물반주)

【至心歸命禮 久遠劫中 成 等正覺 常住靈山 說 法華經 我本師 釋迦牟尼佛〈獨唱〉 지심귀명례 구원겁중 성 등정각 상주 영산 설 법화경 아본사 석가모니불】

오랜 저 먼 겁에 평등한 정각을 이루시고 항상 영산에 머물러 법화경을 말씀하신 우리들의 본래 스승님이신 석가모니부처님.

'지심귀명례'를 짓소리로 한 후 작법무에 들어간다. 둥글게 원을 그리면서 돌다가 인도스님이 소리내어 부른 후 구원겁중 작법이 끝나면 '정법게진언 욕건만나라 云云' 한다.

8) 자귀의불작법(自歸依佛作法)(홋소리/사물반주)

자귀의불(自歸依佛)은 식당작법 의식절차에서 진행되며, 오관(五觀)에서 "자귀의불(自歸依佛)" 소리를 하면 대중이 식당을 돌며 타주인은 나비춤을 추고 끝난 후 요잡태징에 맞추어 바라춤을 춘다.

"자귀의불 당원중생 체해대도 발무상의"(自歸依佛 當願衆生 體解大道 發無上意)
"자귀의법 당원중생 심입경장 지혜여해"(自歸依法 當願衆生 深入經藏 智慧如海)
"자귀의승 당원중생 통리대중 일체무애"(自歸依僧 當願衆生 統理大衆 一切無碍)

모든 불보에 귀의함에 모두 함께 발원하세, 모든 것 스스로 느껴 위없는 도를 펼치기를.

모든 법보에 귀의함에 모두 함께 발원하세, 진리의 보배창고 깊이 들어 지혜 크기 바다같기를.

모든 승보에 귀의함에 모두 함께 발원하세, 뭇 중생을 제도하여 모든 것에 걸림이 없기를.

9) 정례작법(頂禮作法)(홋소리후/사물반주)

정례는 2명이 "귀명시방상주불"을 홋소리로 한 다음 나비무를 한다. 이때 사용되는 나비무를 정례작법이라 한다. 그리고 이어서 "귀명시방상주법"을 홋소리로 한 다음, 다시 "귀명시방상주승"을 소리한 다음 정례작법을 한다.

정례작법 나비무가 한 번씩 마칠 때마다 이어서 요잡바라 그리고 법고춤이 이어진다.

이상은 예전에 정례작법에서 행해지던 형태이고, 지금은 홋소리로 위의 가사만을 소리할 뿐 정례작법은 행하지 않는다.

歸命十方常住佛(귀명시방상주불)(소리후 바라무, 요잡바라, 법고무) … 시방세계에 항상 머물러 계신 부처님께 귀의합니다.

歸命十方常住法(귀명시방상주법)(소리후 바라무, 요잡바라, 법고무) … 시방세계 중생들에게 깨달음의 가르침인 부처님 말씀에 귀의합니다.

歸命十方常住僧(귀명시방상주승)(소리후 바라무, 요잡바라, 법

나비춤(3인무) *Nabimu*

고무) … 시방세계 깨달음의 길을 가는 수행자에게 귀의합니다.

10) 지옥고작법(地獄苦作法)(홋소리/사물반주)

상주권공재(常住勸供齋), 각배재(各拜齋) 상단권공시 창혼(唱魂)이 끝난 후 지옥고 작법이 이루어지는데 이 춤은 지옥, 아귀중생 등 모든 중생이 고통을 여의도록 깨달음의 말씀을 일러주는 춤이다.

地獄苦 餓鬼苦(지옥고 아귀고)
餓鬼苦 放生苦(아귀고 방생고)
地獄 餓鬼苦 放生苦(지옥 아귀고 방생고)
地獄苦 餓鬼苦(지옥고 아귀고)
餓鬼苦 放生苦(아귀고 방생고)

위의 지옥고 작법무의 곡목(曲目)은 영산재(靈山齋) 상단권공시 삼귀의(三歸依)작법 끝 구절 "지옥고", 보장취(寶藏聚) 끝 구절 "아귀고", 오덕사(五德師) 끝 구절 "방생고"를 줄여서 하는 작법이다.

삼귀의(三歸依)작법(훗소리/사물)

【三覺圓 萬德具 天人阿 調御師 阿阿훔 凡聖 大慈父 從眞界 等應持 悲化報 竪窮阿 三際時 橫偏十方處 震法雷 鳴法鼓 廣敷阿 權實敎 阿阿훔 大開方便路 若歸依 能消滅 {地獄苦} 삼각원 만덕구 천인아 조어사 아아훔 범성 대자부 종진계 등응지 비화보 수궁아 삼제시 횡편십방처 진법뇌 명법고 광부아 권실교 아아훔 대개방편로 약귀의 능소멸 {지옥고}】

삼각이 원만하여 만덕을 갖추었으니 천인이며 조어사이니 범부와 성인의 큰 자비의 아버지며 진계 좇아 평등을 응당 지니며 자비의 화연인 보신이며 위로는 과거, 현재, 미래 시(時)까지, 옆으로는 시방세계 곳곳에 두루하여 법의 우레 진동하고, 법의 북 울리며 널리 권교와 실교를 펼쳐 대 방편의 길을 열며 만약 귀의하면 능히 지옥의 고통을 녹여 없애나니라.

보장취(寶藏聚) (한 스님이 훗소리를 독창하면 그 뒤에 대중들은 따라서 도량을 돈다)

【寶藏聚 玉函軸 結集〔阿〕 於西域 〔阿阿훔〕 飜譯傳東土 祖師弘 賢哲判 成章疏 三乘〔阿〕 分頓漸 五敎定宗趣 鬼神欽 龍天護 導迷〔阿〕 標月指 〔阿阿훔〕 除熱斟甘露 若歸依 能消滅 {餓鬼苦} 보장취 옥함축 결집〔아〕 어서역 〔아아훔〕 번역전동

토 조사홍 현철판 성장소 삼승〔아〕 분돈점 오교정종취 귀신
흠 용천호 도미〔아〕 표월지 〔아아훔〕 제열침감로 약귀의 능
소멸 (아귀고)】

  보배스런 성현의 가르침 옥함에 서술되니 이러한 말씀 저 서역
인도에서 결집하고
    번역하여 동토 중국에 전달하였으며, 조사 홍이란 분이
    지혜롭고 사리 깊게 판단하여 원문 알기 쉽게 소를 달아
    삼승과 돈교, 점교를 나누어서 오교에 종취를 정하니
    귀신들이 공경하며 천룡들이 옹호하고 미(迷)혹한 자를 인도하니
    달을 가리키는 손가락이요, 더운 것을 없애는 감로수요,
    만약 귀의하면 능히 굶주린 아귀의 괴로움을 없애주니라.

오덕사(五德師)〈훗소리-독창하면 대중은 그 뒤를 따라 도량을 돈다〉

【五德師 六和侶 利生〔阿〕 爲事業〔阿阿吽〕 弘法是家務 避
擾塵 常宴坐 寂靜處 遮身〔阿〕 拂取衣 充腸採莘芋 鉢降龍 錫
解虎 法燈〔阿〕 常偏照〔阿阿吽〕祖印相傳付 若歸依 能消滅 傍
生苦 오덕사 육화려 이생〔아〕 위사업〔아아훔〕 홍법시가무 피
요진 상연좌 적정처 차신〔아〕 불취의 충장채신우 발항룡 석
해호 법등〔아〕 상변조〔 아아훔〕조인상전부 약귀의 능소멸
(방생고)】

  오덕의 스승이며 육화의 벗이며 중생을 위하는 사업이며 법을 널
리 홍포하는 것에 힘쓰며, 진로(시끄러움)와 더러움을 피하고 항상
고요한 처소에 편안히 앉아 계시고 몸을 가려 취위를 떨치며 창자에
는 맵고 쓴 토란을 채우며 발우대로써 용을 항복케 하며 주장자로
호랑이를 풀게 하고 가르침의 법 등불로 항상 두루 비추게 하나니

조사스님이 인가하여 서로 전수하여 부촉하나니 만약 귀의하면 능히 방생*의 고통을 녹여 없애 주노라.

*傍生 – 몸이 옆으로 되어 있는 생물.

이 춤은 지옥, 아귀중생 등 모든 중생의 고통으로부터 깨달음의 법을 일러주는 춤이다.

지옥게작법은 재 의식 가운데 상단권공에서 창혼(唱魂)곡목을 홋소리로 한 후 작법무가 이어지나 창혼의 소리를 하지 않을 경우 도량게 작법무를 한다.

11) 긔경작법(起經作法)(사물반주)

긔경작법은 경을 연다(펼친다)는 의미이다. 의식 절차 중 행보게(行步偈), 인성(引聲), 영축게(靈鷲偈)가 끝난 다음의 나비무 작법이다. 소리는 없고, 태징과 북으로만 반주한다.

행보게(行步偈)〈평염불-대중창〉

移行千里滿虛空 歸道情忘到淨邦 三業投誠三寶禮 聖凡同會法王宮(이행천리만허공 귀도정망도정방 삼업투성삼보례 성범동회법왕궁)

散花落(산화락)(3번)

인성(引聲) – 나무대성인로왕보살(南無大聖引路王菩薩)(3번)(마지막 세 번째는 짓소리)

허공 끝까지 먼길을 떠나시니 가시다가 정을 잊으면 거기가 정토라오.

삼업(三業)*을 기울여 삼보께 귀의하나니, 성현 범부 구별 없이

*신(身)・구(口)・의(意)

법왕궁에 모이게 하소서. 꽃을 뿌리옵니다. 나무대성인로왕 보살님이시여 길을 인도하소서.

영축게(靈鷲偈) 〈평염불-대중창〉

【靈鷲拈華示上機 肯同浮木接盲龜 飮光不是微微笑 無限淸風付與誰 영취염화시상기 긍동부목접맹귀 음광불시미미소 무한청풍부여수】

부처님께서 영축산에서 연꽃을 들어 상근기를 보이니

이는 눈먼 거북이가 마치 넓은 바다에서 물에 떠 있는 나무를 만난 듯하네.

만약 가섭이 부처님의 심지법문을 알고 빙그레 웃지 않았다면

끝없는 맑은 가풍 누구에게 전했으랴.

삼보께 예를 올리는 의미로 아래 글귀는 대중이 동음으로 한 후 나비무 긔경작법이 진행되고, 긔경작법을 마친 후 이어서 바라춤, 법고춤이 이어진다.

12) 사방요신작법(四方搖身作法)(사물반주)

사방요신은 가사가 없고 요잡바라 반주와 동일한 태징, 북, 호적 반주에 나비무가 진행되며 나비춤의 기본적 춤사위이다.

13) 운심게작법(運心偈作法)(홋소리/사물반주)

운심게(運心揭)는 불보살전에 공양 게송으로 다음과 같은 가사를 홋소리로 부르는 동안 나비무가 이루어진다.

運心供養眞言(운심공양진언) … 마음을 다하여 공양과 진언을 하니

願此香供遍法界(원차향공변법계) … 원컨대 이 공양을 받으시고 법계에 두루 미치게 하소서.

普供無盡三寶海(보공무진삼보해) … 공양이 두루 삼보(불법승)의 바다에 이르니

慈悲受供增善根(자비수공증선근) … 공양을 받으시고 자비를 베풀어 선근을 더해 주소서.

令法住世報佛恩(영법주세보불은) … 법이 세간에 머물게 하여 부처님 은혜에 보답하겠나이다.

14) 만다라작법(慢多羅作法)(현재 곡목만 전승)

만다라작법은 만달작법이라고도 하며, 불교의 여러 재 의식 가운데 생전예수재(生前豫修齋) 사자단(使者壇)권공에서 사용되었으나 현재 곡목명만 전해지고 무용 및 범패는 전해지지 않는다.

【因緣自性所出生 所有複徵妙香燈果花餠米供養 奉獻使者前 惟願慈悲哀納受 인연자성소출생 소유복징묘향등과화병미공양 봉헌사자전 유원자비애납수】

인과 연을 자성으로 출생하는 바이니 있는 바 거듭 미묘한 향, 등, 과일, 꽃, 떡, 쌀을 사자전에 올리오니 오직 원하건대 자비심으로 받아주소서.

나비춤(군무) *Nabimu*

15) 삼남태작법(三南太作法)(짓소리 후 훗소리/사물반주)
아라다 옴 아라남 아라다

   삼남태는 천수경(千手經) 가운데 개경게(開經偈)와 개법장진언(開法藏眞言)의 게송 "옴 아라남 아라다"를 짓소리로 2번 반복(2번째는 '옴 아라남' 까지만 한다)하고, 그리고 끝머리 "아라다" "옴 아라남 아라다"가 불려질 때 다게성으로 나비무를 한다.
   '옴 아라남 아라다' 의 의미는 '이 깊고 깊은 묘한 진리를 결정코 통달하겠습니다.' 로, 즉 부처님의 법(法)을 통한 다짐의 글이다.

개경게(開經偈)(평염불)

  【無上甚深微妙法 百千萬劫難遭遇 我今聞見得受持 願解如來眞實意 무상심심미묘법 백천만겁난조우 아금문견득수지 원해여래진실의】

위없이 심히 깊은 미묘한 법, 백천만겁(많은 시간과 세월) 어찌 만나리. 내 이제 보고 듣고 받아 지니나니, 부처님의 진실한 뜻 알지어다.

개법장진언(開法藏眞言)-삼남태(三喃太) 짓소리〈대중창〉, 훗소리〈대중창〉
옴 아라남 아라다(세 번)

16) 대각석가존작법(大覺釋迦尊作法)(훗소리/사물반주)

拜獻禪悅味(배헌선열미)

【食味酥酪造出天廚供成道當初牧女先來送 老母曾將托在金盤奉獻上如來 {大覺釋迦尊} 식미소락조출천주공성도당초목녀선래송 노모증장탁재금반봉헌상여래 {대각석가존}

唯願諸佛哀降道場受此供養 유원제불애강도량수차공양】

하늘 주방에서 만들어져 나온 맛있는 우유를 공양받아 잡수고 원기를 회복한 후 성도하실 당초에 양을 기르는 여자(목녀) 먼저 보내 늙은 어머님 부탁을 받아 금쟁반에 여래 대각 석가세존께 공양 올렸으니, 오직 원하옵건대 모든 부처님께서는 불쌍히 여기시어 이 선열의 법미 공양을 받으소서.

大覺釋迦尊(대각석가존)

영산재 상단권공 육법공양(六法供養) 가운데 배헌선열미 곡을 처음부터 마지막 부분까지 훗소리로 하다가 '대각석가존'에서만 나비무가 이루어진다.

17) 옴남작법(욕건이(欲建而) 소리 후 옴남 홋소리/사물반주)

【欲建曼拏羅 先頌 淨 法界眞言 唵喃 욕건 만나라 선송 정법계진언 옴남】

만다라를 꾸미기 위하여 먼저 법계를 청정하게 하기 위한 진언 '옴남'을 세 번 염송한다. 그리고 곧이어 '다게작법'이 이어진다.

욕건만나라 선송 정법계진언 후 '옴남' '옴남' '옴남' 게송을 3번 하며, 이때 무가 수반된다.

18) 창혼작법(唱魂作法)(홋소리/사물반주)

【願我 今日齋者 某人伏爲 所薦亡 某人靈駕 當靈伏爲 上逝先亡 師尊父母 列位 '靈駕 往生西方安樂刹' 원아 금일재자 모인복위 소천망 모인영가 당령복위 상서선망 사존부모 열위 '영가 왕생서방안락찰'】

재를 지내는 자의 선망부모 및 일체 영혼에게 왕생극락을 발원하는 소리이다. 마지막 가사 '영가 왕생 서방 안락찰' 소리에 작법무가 이어진다.

상주권공재(常住勸供齋), 각배재(各拜齋) 상단권공시 창혼(唱魂)의 홋소리가 끝나고 간단히 무용이 진행된다. 창혼작법이 끝나면 곧이어 태징을 한 마루 사린 후 지옥고 작법무로 이어진다. 만약 창혼작법과 지옥고작법을 할 경우는 도량게작법은 하지 않는다.

3. 법고춤

법고는 반주음악에 따라 무가 진행되며 1종이 있다.

법고무(法鼓舞)의 경우 범음(梵音) 곡목이 없고 단지 사물(四物) 중심으로 한 스님이 가사장삼을 입고 양손에 북채를 잡고 시선은 북을 쏘아보며 삼현육각과 태징,

호적에 맞추어 느린 동작에서 점차 빠른 동작으로 춤을 춘다. 북소리와 태징 등 사물(四物) 소리를 통하여 허공중생(虛空衆生: 하늘의 모든 무리), 축생(畜生) 등 고통받는 모든 중생을 제도하기 위한 무용이다.

법고춤은 보통 바라춤이나 나비춤이 끝난 후 사물 반주 및 삼현육각과 어우러져 춤이 진행되며, 범패는 사용되지 않는다. 재의식 진행시 법고무는 긔경작법 후 법고춤, 식

법고춤 *Beopgomu* ▲▲

서울 관룡사 감로탱화 뇌신(雷神)의 법고춤 (1727, 동국대박물관 소장) ▲

당작법 진행시에도 오관게 후 법고춤이 진행되며 법고춤 진행은 정(精) 중(中) 동(動)으로 이어진다. 한쪽 뒷면에서 북을 울리고 그 반대편에서는 어장 스님의 태징에 맞추어 북춤을 춘다. 춤의 진행은 삼현육각과 호적이 혼합되어, 느린 동작의 춤사위가 갈수록 빠른 태징 장단에 맞추어 몸이 점점 빨라지며 무용은 4~5분 정도 진행된다.

4. 타주춤

타주춤은 두 스님이 각기 타주채를 가지고 식당작법시 당상의 경쇠 소리에 맞추어 좌,우로 타주채를 올린 후 팔정도를 중심으로 타주무를 한다. 이는 공양의식을 통하여 공양의 진정한 의미와 수행자로써 올바른 수행을 하는지 다시금 돌이켜보게 하며, 재의 규모가 가장 큰 영산재, 수륙재, 생전예수재의 식당작법 진행시 40분에서 1시간 정도 장엄하게 치루어진다.

진행은 홋소리 및 사물반주에 두 사람의 나비춤 법복을 입은 스님이 타주채를 하나씩 든 채로 팔정도(八正道)를 뒤로 한 채 앉아 있다가, 중수(衆首) 및 당좌(堂座)의 경쇠 소리와 어장(魚丈)스님의 태징과 염불 소리에 일어나 서로 마주보고 춤을 추는데, 동작은 타주채를 오른쪽, 왼쪽으로 올렸다가 오른쪽 어깨 위로 채를 올린 후 팔정도를 중심으로 세 번 돌다가 제자리에서 서로 마주본 후 서서 다시 타주채를 다시 오른쪽, 왼쪽으로 올렸다가 등을 서

타주춤 *Tajumu*

로 등진 채 다시 서거나 앉는다. 이러한 계속된 동작이 끝난 후 팔정도를 발로 힘차게 넘어뜨린 후 타주무를 마치게 된다. 타주춤은 영산재, 수륙재, 생전예수재의 식당작법에서만 행해지는 의식으로 (식당에 공양 준비를 갖추어 놓고) 불보살님과 불법승 삼보, 그리고 공양을 주는 사람, 공양을 받는 사람, 수행자가 공양물에 대한 공덕을 다시금 생각하게 하며 공양을 찬탄하는 의식이다. 타주무의 형태는 매년 음력 5월 5일 중요 무형문화재 제50호 영산재 시연회가 열리는 서울 신촌 봉원사(奉元寺) 영산재 시연회의 식당작법에서 그 원형을 볼 수 있다.

바라춤 손동작 1~4
회색 장삼, 홍색가사

바라춤 발디딤1~5
회색장삼, 남색가사

5. 기본 춤사위

불교무용 각 춤의 기본 동작은 깨달음을 향한 구도의 몸동작을 원칙으로 하며, 따라서 몸동작 전체가 하나의

〈표4〉 무용의 동작에 따른 눈, 손, 발디딤 형태

종류	바라춤	나비춤	타주춤	법고춤
동작및무용형태	1인무 기본, 동적(動的)으로 한다.	1인무 기본, 2인무 기본, 정적(靜的)으로 진행.	2인무 기본, 정적(靜的)으로 진행.	1인무 기본, 정적(靜的)으로 시작, 동적(動的)으로 마친다.
손동작	바라가 머리 위나 배꼽 아래로 내려가지 않도록 하고, 양어깨를 벗어나지 않도록 한다. 허리를 반듯이 세워한다	처음 시작은 합장한 상태에서 팔을 모두 펼쳤을 때 양어깨와 수직인 상태이며, 허리를 반듯이 세워 한다.	한 손으로 장삼을 잡고 한손으로 타주채를 움직이고 팔정도를 향해 두드린다.	양손에 각각의 법고채 1개씩을 가지고 좌우 동작을 취하고 북을 두드리기도 한다.
발디딤	오른발, 왼발 모두 정(丁)자로 딛으며 좌우측 방향으로 360도 원을 그리며 순회한다.	1인무 경우 오른발, 왼발 모두 정(丁)자로 딛으며, 2인무 경우 마주보고 나가며 발을 바꾸기도 하며, 향화게작법, 운심게작법은 좌립(앉은자세)형태에 丁자 형태로 발을 모은다.	오른발, 왼발 모두 정(丁)자로 딛으며, 팔정도를 향해 360도원을 그리며 순회한다.	북을 중심으로 오른발, 왼발 모두 정(丁)자로 딛기도 하며, 북을 향해 좌우측 및 360도 원을 그리며 순회한다.
눈	시선은 좌선하는 형태로 3/1만 눈을 뜬다.	시선은 좌선하는 형태로 3/1만 눈을 뜬다.	시선은 좌선하는 형태로 3/1만 눈을 뜬다. 팔정도를 중심으로 순회할 때는 팔정도를 향해 바라본다.	시선은 좌선 형태로 3/1만 눈을 뜬다. 또 북을 중심으로 순회할 때는 눈을 크게 뜨고 북을 향해 바라보며 한다.

2인무 기본춤사위 — ① 두 손 모으기

② 양팔 수평으로 펴기

③ 양팔 펴고 나란히 서기

④ 팔 모으기

⑤ 좌우 팔 펴서 앉기

⑥ 양팔 펴서 이동하기

⑦ 좌우측 양손 모으기 Ⅰ

⑧ 좌우측 양손 모으기 Ⅱ

⑨ 좌우측 양손 모으기 Ⅲ

수행동작이라 할 수 있다.

   춤에 따른 인원은 바라춤의 경우 1인무 형태로 동일한 춤 동작이라면, 나비춤은 1인무와 2인무로써 동일한 음악이라도 춤의 형태가 다르다. 타주무는 2인무가 기본이 되며 두 사람 모두 동일한 춤동작으로 진행된다. 법고무는 1인무로써만 진행된다.

타주춤 동작
① 등지고 앉기
② 등지고 일어나서
   타주채 좌우 움직이기
③ 마주보고 팔정도 치기
④ 마주보고 팔정도 치고 돌기

법고춤 동작 (ㄹ방향으로)

나비춤 기본동작
① 1인무 팔 모으기
② 양팔 벌려 뒤로 돌기
③ 양팔 수직으로 펼치기
④ 좌우측 치는 동작
⑤ 좌우측 치는 동작

4. 재(齋)의 종류와 불교무용

불교의식을 총칭하여 재(齋)라고 말하는데, 이때 재(齋)는 '베풀다', '공양 올린다', '베풀어 설한다'는 의미이다.

불교의식 전체를 재(齋)라고 보는 것은 살아 있는 자, 죽은 자 등 모든 중생(衆生)에게 부처님의 불법을 베풀어 일체 중생(衆生)이 깨달음을 통해 성불할 수 있도록 일러주는 의식의 총칭으로서의 의미이다. 대표적 재(齋)의식으로 상주권공재, 각배재, 생전예수재, 수륙재, 영산재 등 5종을 들 수 있다. 이 중 영산재, 수륙재, 생전예수재는 3일 낮과 밤 동안 의식이 진행되며, 각배재, 상주권공재는 1일 재(齋)로 진행된다. 각 재의 진행은 범패와 작법무로 구성되어 진행된다.

1. 상주권공재(常住勸供齋) 무용 구성

상주권공재는 영혼천도재 의식으로 여러 재의식 가운데 규모가 가장 적은 재이다. 영산재나 각배재 절차 구성 형식을 1일 권공의식으로 예경한다.

상주권공재 진행 순서는 ①시련 ②대령 ③관욕 ④신중작법(39위) ⑤상단권공 ⑥신중퇴공 ⑦관음시식 ⑧봉송 등 8단계로 구성 진행된다.

의식 및 무용	바라무	나비무	법고무	타주무
1. 시련	요잡바라(2회)	다게작법/사방요신작법/긔경작법	긔경작법 후 법고	X
2. 대령	X	X	X	X
3. 관욕	관욕쇠바라/화의재진언바라	X	X	X
4. 신중작법	요잡바라	X	X	X
5. 상단권공 (소청상위)	천수바라/사다라니바라/요잡바라(2회)/내림게바라	도량게를 할 경우(창혼작법/지옥고작법을 생략) 옴남작법/다게/정례 운심게작법/삼남태작법/사방요신작법	정례작법 후 법고	X
6. 신중퇴공	X	X	X	X
7. 관음시식	X	X	X	X
8. 봉송	X	X	X	X

〈표5〉상주권공재 진행 및 불교무용 구성

일반적으로 상주권공재는 각배재나 영산재와 마찬가지로 범패를 전문적으로 배운 스님들에 의해 진행된다.

1. 상주권공재는 시련, 대령, 관욕, 신중작법, 상단권공, 신중퇴공, 시식, 봉송으로 구성되지만 이 가운데 작법무가 사용되는 의식은 시련, 관욕, 신중작법, 상단권공이며, 작법무는 주로 불보살을 모셔 오거나 예경할 때 진행되어진다.

2. 상주권공재에서 사용되는 작법무는 나비무, 바라무, 법고무이다. 나비무에는 도량게작법〔상주권공 진행절차 가운데 도량게작법을 할 경우 나비춤 작법인 창혼(唱魂)작법, 지옥고(地獄苦)작법은 생략한다. 반대로 창혼작법,

지옥고작법을 할 경우 도량게작법이 생략된다]. 옴남작법, 다게작법, 정례작법, 긔경작법, 사방요신작법, 운심게작법, 삼남태 10종류 가운데 도량게작법을 할 경우 창혼작법, 지옥고작법은 생략되므로 8가지가 사용되고, 바라무에는 천수바라, 요잡바라, 내림게바라, 사다라니바라, 관욕게바라, 화의재진언바라 6종류가 사용된다. 그리고 법고무 1종류가 쓰인다. 나비무와 법고무는 시련과 상단권공에서 사용되고, 바라무는 시련, 관욕, 신중작법, 상단권공에서 모두 사용된다.

3. 상주권공재에서의 바라무 6종류와 법고무는 현행에서도 행해지고 있지만, 나비무에서 사용된 10가지 작법 가운데 정례작법, 삼남태, 운심게작법 등은 일반적으로 무용이 이루어지지 않고 간단한 소리로만 진행되고 있다. 또 도량게작법을 할 경우 창혼(唱魂)작법과 지옥고(地獄苦)작법은 하지 않는다.

4. 상주권공재에는 타주무가 없고, 또 바라무 가운데 명바라가 쓰이지 않은 것으로 보아, 이 재(齋)가 영산재에 비해 재의 규모가 작음을 보여준다.

5. 법고무는 삼보전에 예(禮)를 올리기 전과 정례작법이 끝나고 행해지는 것으로 보아 의식 과정에 있어서 부분적으로 사용됨을 알 수 있다.

6. 상주권공재에서 작법무는 주로 범패와 기악반주로 이루어진다. 범패는 홋소리가 사용되고, 기악반주는 태평소, 사물, 삼현육각으로 내림게 가락, 염불 가락, 요잡 가락 3가지로 연주된다.

의식 진행에 있어서 나비무와 바라무에는 훗소리가 사용되고, 법고무에는 범패가 사용되지 않는다. 나비무, 바라무, 법고무에 사용되는 기악반주는 모두 호적과 사물, 삼현육각으로 반주된다.

2. 각배재(各拜齋) 무용 구성

각배재(各拜齋)는 대례왕공재(大禮王供齋) 시왕각배재(十王各拜齋)를 줄인 말로 영산재, 상주권공재, 수륙재 등 여러 재의식과 더불어 영혼천도재로써 진행되어지는 의식이다.

각배재는 3일 영산재의 기본적 구성을 기초로 하여 일반 재의식과 달리 중단(中壇) 의식을 중심으로 진행되기 때문에 중례문(中禮文)이라고도 한다.

재의 규모 형태상 영산재는 대례, 각배재는 중례, 상주권공재는 소례의 의미를 가진다. 중례(中禮)란 중단(中壇) 명부 시왕 중심의 의식을 말하며, 소례(小禮)는 하단(下壇) 영가단의 영혼천도 의식을 말한다. 또한 각배재는 명부전(冥府殿)의 10대왕을 중심으로 불보살전 권공의식인 운수상단(소청상위)권공, 중단의 각 시왕을 중심으로 중단권공(소청중위) 등 복잡한 의식 구성을 가지고 있다.

각배재 진행 순서는 ①시련 ②대령 ③관욕 ④조전점안 ⑤신중작법(104위 및 39위) ⑥괘불이운 ⑦상단권공/운수상단권공(소청상위) ⑧중단권공(소청중위) ⑨신중퇴공 ⑩관음시식/전시식 ⑪봉송 등 11단계로 구성된다. 이 가운데 ①시련 ②대령 ③관욕 ⑤신중작법 ⑨신중퇴공 ⑩관음시식/전시식 ⑪봉송의식은 상주권공 절차와 동일하다.

각배재에서 사용된 작법무는 3가지이며, 이 가운데 바라무 6가지, 나비무 11가지, 법고무 1가지 형식으로 진행

〈표6〉 각배재 의식 진행 및 불교무용 구성

의식 및 무용	바라무	나비무	법고무	타주무
1. 시련	요잡바라	다게작법/긔경작법/사방요신작법	긔경작법 후 법고	X
2. 대령	X	X	X	X
3. 관욕	관욕쇠바라/화의재진언바라	X	X	X
4. 조전점안	요잡바라	X	X	X
5. 신중작법	요잡바라	X	X	X
6. 괘불이운	요잡바라	다게작법/사방요신작법	X	X
7. 상단권공 (소청상위)	천수바라/사다라니바라/요잡바라/내림게바라	정례작법/도량게작법(창혼작법/지옥고작법 생략)/음남작법/다게작법/삼남태작법/오공양작법/사방요신작법	정례작법 후 법고	X
8. 중단권공 (소청중위)	내림게바라/요잡바라/사다라니바라	모란찬작법/오공양작법/사방요신작법	X	X
9. 신중퇴공	X	X	X	X
10. 관음시식	X	X	X	X
11. 봉송	X	X	X	X

되었음을 알 수 있고, 이러한 작법무는 반주 음악이 어우러져 진행되었다.

1. 각배재는 시련을 시작으로 총 11단계 절차로 구성된다. 서분(序分)은 시련, 대령, 관욕, 조전점안, 신중작법 등 상단, 중단, 하단 불·보살, 신중, 영혼을 봉청(奉請)하는 의식이며, 본분(本分)은 괘불이운, 상단권공(운수상단, 소청상위), 중단권공(소청중위) 등 불·보살, 명부 지장단 10대명왕에 대한 권공의식 등으로 구성되며, 회향분(回向分)은 신중퇴공, 하단 영가단의 관음시식, 봉송 등 되돌려 보내는 절차로 구성된다.

2. 각배재는 명부전의 10대왕을 중심으로 재를 상단, 즉 운수상단, 소청상위와 중단, 소청중위로 구분하여 그 절차가 복잡하게 나뉘어 진행되는데, 범패는 안채비, 바깥채비, 홋소리, 짓소리, 화청으로 진행되며, 불교 무용은 3종으로 바라무, 나비무, 법고무 구성으로 진행되고, 타주무는 사용되지 않는다. 따라서 영산재보다 규모가 작은 재형식임을 알 수 있다.

3. 각배재에 상단권공시 상주권공재와 동일하게 나비무 도량게작법을 할 경우 창혼(唱魂)작법, 지옥고작법은 생략된다. 하지만 도량게를 안할 경우 창혼작법, 지옥고작법은 진행된다.

4. 작법무가 사용되는 의식은 시련, 관욕, 신중작법, 조전점안, 괘불이운, 운수상단권공, 소청상위, 중단(소청중위)에서 진행되었으며, 그 외 대령, 신중퇴공, 시식, 봉송 의식에서는 작법무 진행이 보이지 않는다.

5. 각배재에서 사용된 바라무는 천수바라, 요잡바라, 내림게바라, 사다라니바라, 관욕게바라, 화의재진언바라 6종류가 사용되고, 나비무에는 옴남작법, 다게작법, 정례작법, 도량게작법〔상주권공 진행절차 가운데 도량게 작법을 할 경우 나비춤 작법인 창혼(唱魂)작법, 지옥고(地獄苦)작법은 생략한다. 반대로 창혼작법, 지옥고 작법을 할 경우 도량게 작법이 생략된다〕, 긔경작법, 사방요신작법, 삼남태작법, 오공양작법, 모란찬작법 11종류 가운데 도량게작법을 할 경우 창혼작법, 지옥고작법은 생략되므로 9가지가 사용되고, 법고무는 동일한 춤사위로 2번 진행된다.

현재 각배재는 1일재 의식으로 진행되고 있다. 재(齋)의 구성면에 있어서 3일 동안 진행되며, 각배재는 영산재보다 규모가 작고 상주권공재보다는 규모가 큰 형식으로 진행 구성되어 있다. 하지만 각배재는 영산재처럼 1년에 한두 번 진행될 뿐 그 구성 절차나 범패, 무용 등이 체계적으로 전승되지 않고 있다.

3. 생전예수재(生前豫修齋) 무용 구성

생전예수재는 영혼천도재인 상주권공재, 각배재, 수륙재, 영산재와 달리 살아 생전에 미리 재(齋)를 올리는 의식으로 여타의 재 의식과 구별된다.

의식 및 무용	바라무	나비무	법고무	타주무
1. 시련	요잡바라	다게작법/긔경작법/사방요신작법	긔경작법 후 법고	X
2. 대령	X	X	X	X
3. 관욕	관욕쇠바라/화의재진언바라	X	X	X
4. 조전점안	요잡바라	X	X	X
5. 신중작법	요잡바라	X	X	X
6. 괘불이운	요잡바라	다게작법/사방요신작법	X	X
7. 운수상단	요잡바라/명발/천수바라/내림게바라	정례작법/도량게작법/삼남태작법/사방요신작법	정례작법 후 법고	X
8. 소청중위 (사자단)	요잡바라/내림게바라/사다라니바라	다게작법/오공양작법/사방요신작법	X	X
9. 소청중위 (상단)	내림게바라/요잡바라/사다라니바라	옴남작법/다게작법/사방요신작법	X	X
10. 소청중위 (명부)	내림게/요잡바라/사다라니바라	옴남작법/다게작법/사방요신작법	X	X
11. 소청중위 (고사판관)	요잡바라/사다라니바라	옴남작법/다게작법/오공양작법/사방요신작법	X	X
12. 소청중위 (마고단)	요잡바라/사다라니바라	옴남작법/다게작법/운심게작법/사방요신작법	오관게 후 법고	X
13. 식당작법	요잡바라	옴남작법/다게작법/운심게작법/사방요신작법	오관게 후 법고	0
14. 신중퇴공	X	X	X	X
15. 관음시식	X	X	X	X
16. 봉송	X	X	X	X

〈표7〉 생전 예수재 작법무 구성

생전예수재를 제외한 4종의 재(齋)는 죽은 이를 위한 사후 영혼 천도재 의식이지만, 생전예수재는 살아 있는 이가 본인이 사후에 받을 인과(因果)를 살아 생전에 미리 닦는다는 의미에서 그 구성 절차가 독특한 의식이다.

생전예수재 구성은 3일재 진행 구성으로 거행되며, 중례(中禮) 중심 의식으로 각배재, 수륙재와 더불어 중례문(中禮文)이라 한다.

또한 생전예수재는 불보살전의 상단(上壇: 예수상단), 중단(中壇)의 사자단(使者壇), 명부(冥府), 십대왕(十大王) 중심의 소청명부, 고사단, 마고단, 등 복잡한 의식 구성 형태를 가지며, 재의 진행은 범패를 전문적으로 익힌 어장들에 의해 범패와 작법무로 진행되어진다.

생전예수재 진행 순서는 ①시련 ②대령 ③관욕 ④조전점안 ⑤신중작법 ⑥괘불이운 ⑦예수상단권공 ⑧중단(소청사자편, 봉송사자편) ⑨예수상단(소청성위편) ⑩중단(소청 명부편) ⑪중단(소청고사판관편) ⑫중단(마고단) ⑬식당작법 ⑭신중퇴공 ⑮관음시식/전시식 ⑯봉송 등 16단계로 구성된다.

이 가운데 ①시련 ②대령 ③관욕 ④조전점안 ⑤신중작법 ⑥괘불이운 ⑭신중퇴공 ⑮관음시식/전시식 ⑯봉송은 각배재 형식〔<표 2> 참조〕을 취하며 ⑬식당작법〔식당작법과 타주무 참조〕은 영산재 식당작법 절차와 동일하게 진행된다.

생전예수재는 법신, 보신, 화신과 중단의 명부(冥府) 지장보살, 십대왕(十代王), 각 권속에게 예경드리는 의식으로, 재의 진행 형식은 영산재의 기본적 의식 구성을 기초로 하여 각배재, 수륙재 의식과 마찬가지로 중단(中壇)의식 중심으로 진행된다.

이 중 예수상단권공, 중단(소청사자편, 봉송사자편), 예수상단(소청성위편), 중단(소청명부편), 중단(소청고사판관편), 중단(마고단) 등 6단 구성의 상단, 중단 진행을 통해 작법무는 바라무와 나비무가 모든 의식에서 진행되고, 법고무는 운수상단권공에서 진행되고 타주무는 식당작법에서만 사용된다.

1. 생전예수재는 시련을 시작으로 총 16단계 절차로 구성되며 각각의 의식은 삼분(三分)으로 구성된다. 서분(序分)은 시련, 대령, 관욕, 조전점안, 신중작법 등 상·중·하단의 불·보살, 신중, 영혼을 봉청(奉請)하는 의식이며, 본분(本分)은 괘불이운, 예수상단권공, 중단(소청사자편, 봉송사자편), 예수상단(소청성위편), 중단(소청 명부편: 중상단, 중중단, 중하단), 중단(소청고사판관편), 중단(마고단) 등 불·보살, 사자, 명부지장단 십대명왕, 고사판관, 마고단의 권공의식 등으로 구성되며, 회향분(回向分)은 신중퇴공, 하단 영가단의 관음시식, 봉송 등 되돌려 보내는 절차로 구성된다. 식당작법은 공양의식이다.

2. 생전예수재 진행은 평염불, 범패는 안채비, 바깥채비, 홋소리, 짓소리, 화청으로 진행되며, 작법무는 바라무, 나비무, 법고무, 타주무가 사용된다.

3. 작법무는 바라무 가운데 요잡바라, 관욕게바라, 화의재바라, 내림게바라, 명발, 천수바라, 사다라니바라 등 7종, 나비무는 긔경작법, 사방요신작법, 삼남태작법, 정례작법, 도량게 작법, 옴남작법, 다게작법, 오공양작법, 운심게 작법 식당작법시 자귀의불 등 10종, 법고무는 1종(긔경작법 후 1번, 정례작법 후 1번, 식당작법시 오관게 후 1번 등 동일한 춤 동작)이 이루어진다. 이 중 옴남작법, 다게작법은 동일 곡명에 각기 다른 가사로 무가 이루어진다.

  4. 예수상단권공 의식은 ④소청명부 ⑤소청중위(고사판관) 권공에 있어서 중단은 각각 중상단, 중중단, 중하단으로 나누어져 권공의식이 진행된다. 이것은 제반 모든 의식이 각각의 3단 및 9단 의식(상단의 상상단·상중단·상하단, 중단의 중상단·중중단·중하단, 하단의 하상단·하중단·하하단)으로 이루어졌고, 각각 단에 다른 권공이 행해져야 함을 설하고 있다.

  현재 생전예수재는 재(齋)의 구성 면에 있어서 수륙재, 영산재 등 3일재(齋) 진행형식을 갖추고 있으면서도 1일재 형식으로 구성(構成) 진행되고 있다. 재의 규모는 영산재, 수륙재와 동일한 규모를 가지고 있으나 영산재나 수륙재처럼 1년에 한두 번이 아닌 3~4년에 한 번씩 돌아오는 윤달이 드는 해에 대부분 진행된다.

  또한 생전예수재는 범패를 전문적으로 배운 의식승에 의해 재가 진행된다. 생전예수재나 각배재, 수륙재에 쓰이는 안채비를 배우려면 범패의 체계적인 학습과정인 상주권공, 각배, 영산의 홋소리, 짓소리를 10~15년 가까이 모두 배운 후 안채비 소리를 배우기 때문에, 예수재 상단 권공 의식에 사용되는 안채비 소리는 일부 범패승들만이 전승하고 있다.

4. 수륙재(水陸齋) 무용 구성

수륙재(水陸齋)는 영혼천도재 의식으로 수륙무차평등재(水陸無遮平等齋)의 줄인 말이다. 물(水) 속의 중생, 땅(陸) 위의 중생 등 일체중생(一切衆生)에게 부처님의 불법(佛法)을 일러주어 부처님의 깨달음의 말씀인 법식(法食)을 베풀어준다는 의미에서 거행되는 재 의식으로, 3일에 걸쳐서 진행되는 규모가 큰 재의식이다.

수륙재 진행 순서는 ①시련 ②대령 ③관욕 ④조전점안 ⑤신중작법 ⑥괘불이운 ⑦설회인유편 ⑧중단(소청사자편, 봉송사자편) ⑨개벽 오방편 ⑩소청상위편 ⑪중단(소청 중위편) ⑫하단(소청 하위편) ⑬식당작법 ⑭신중퇴공 ⑮관음시식/전시식 ⑯봉송 단계로 구성된다.

수륙재 진행에서 ①시련 ②대령 ③관욕 ④조전점안 ⑤신중작법 ⑥괘불이운 ⑭신중퇴공 ⑮관음시식/전시식 ⑯봉송은 각배재 형식〔〈표2〉〕과 생전예수재〔〈표3〉〕와 동일한 진행이며, ⑬식당작법〔〈식당작법과 타주무 참조〉〕은 영산재 식당작법 절차와 동일하게 진행된다.

의식 및 무용	바라무	나비무	법고무	타주무
1. 시련	요잡바라	다게작법/사방요신작법	긔경작법 후 법고	X
2. 대령	X	X	X	X
3. 관욕	관욕쇠바라/화의재진언바라	X	X	X
4. 조전점안	요잡바라	X	X	X
5. 신중작법	요잡바라	X	X	X
6. 괘불이운	요잡바라	다게작법/사방요신작법	X	X
7. 설회인유편	요잡바라/명발/천수바라/내림게바라	정례작법/도량게작법/삼남태작법/사방요신작법	정례작법 후 법고	X
8. 중단(소청사자편, 봉송사자편)	요잡바라/내림게바라/사다라니바라	다게작법/오공양작법/사방요신작법	X	X
9. 개벽오방편	내림게바라/요잡바라/사다라니바라	옴남작법/다게작법/사방요신작법	X	X
10. 소청상위	내림게/요잡바라/사다라니바라	옴남작법/다게작법/사방요신작법	X	X
11. 중단(소청중위)	내림게/요잡바라/사다라니바라	옴남작법/다게작법/사방요신작법	X	X
12. 하단(소청중위)	관욕게바라/화의재바라(관욕의식과 동일한 절차진행)	X	X	X
13. 식당작법	요잡바라	자귀의불 작법/사방요신작법	오관게 후 법고	0
14. 신중퇴공	X	X	X	X
15. 관음시식	X	X	X	X
16. 봉송	X	X	X	X

〈표8〉 수륙재 진행 및 작법무 구성

1. 수륙재는 시련을 시작으로 총 16단계 절차로 구성되며 수륙재 상단권공은 설회인유편, 중단(소청사자편, 봉송사자편) 개벽오방편, 소청상위편, 중단(소청중위편), 하단(소청하위편) 절차로 구성된다.
2. 수륙재는 생전예수재, 각배재, 영산재 등과 진행 과정 및 형식이 동일성을 가지고 있으며, 평염불 및 범패 안채비, 바깥채비, 홋소리, 짓소리, 화청으로 진행된다. 작법무는 바라무, 나비무, 법고무, 타주무가 사용된다.
3. 작법무는 바라무의 요잡바라, 내림게바라, 명바라, 천수바라, 사다라니바라, 관욕게바라, 화의재진언바라 등 7종, 나비무는 사방요신작법, 삼남태작법, 옴남작법, 정례작법, 도량게 작법, 다게작법, 오공양작법, 식당작법시 자귀의불작법 등 8종, 법고무는 1종(긔경작법 후 1번, 정례작법 후 1번, 식당작법시 오관게 후 1번이 동일한 춤)이 이루어진다. 이 가운데 옴남작법, 다게작법은 동일 곡명에 각기 다른 가사로 무가 이루어진다.
4. 수륙재는 각배재, 예수재 권공과 마찬가지로 중단권공 중심으로 의식이 진행된다.

수륙재는 그 구성 형식에 있어 생전예수재나 영산재 등과 같이 3일재(齋) 진행형식을 갖추고 있으면서도 현재는 1일재 형식으로 구성 진행되고 있다.

5. 영산재(靈山齋) 무용 구성

영산재는 영혼천도재 의식으로, 영산(靈山)이란 영산회상(靈山會上)의 줄인 말로 2500년 전 인도 영취산에서 석가모니부처님의 설법모임인 영산회상을 재(齋)의 형태로 재구성하여 진행하는 양식을 말이다. 불교의 재(齋)의식 가운데 가장 큰 규모로 3일에 걸쳐 진행되었으나, 근래에는 1일 영산재 형식으로 거행되고 있다.

영산재 진행 순서는 ①시련 ②대령 ③관욕 ④조전점안 ⑤신중작법(104위) ⑥괘불이운 ⑦영산단권공 ⑧식당작법 ⑨운수상단권공(소청상위) ⑩중단권공(소청중위) ⑪신중퇴공 ⑫관음시식/전시식 ⑬봉송 등 13단계로 구성된다.

이 중 ①시련 ②대령 ③관욕 ④조전점안 ⑤신중작법 ⑥괘불이운 ⑨운수상단권공 ⑩중단권공 ⑪신중퇴공 ⑫관음시식/전시식 ⑬봉송은 각배재 의식절차와 동일하다.

1. 영산재의 구성은 13단계의 절차로 진행되며 이 가운데 대령, 신중퇴공, 시식, 봉송의식을 제외한 모든 의식에서 작법무가 진행된다.
2. 작법무는 4종으로 바라무, 나비무, 법고무, 타주무로 진행되며, 바라무는 요잡바라, 관욕게바라, 화의재진언바라, 명바라, 내림게바라, 천수바라, 사타라니바라 등 7종이 이루어지며, 모든 나비무가 끝나면 반드시 요잡바라무

의식 및 무용	바라무	나비무	법고무	타주무
1. 시련	요잡바라	다게작법/사방요신작법	긔경작법 후 법고	X
2. 대령	X	X	X	X
3. 관욕	관욕쇠바라/화의재진언바라	X	X	X
4. 조전점안	요잡바라	X	X	X
5. 신중작법	요잡바라	X	X	X
6. 괘불이운	요잡바라	다게작법/사방요신작법	X	X
7. 영산단권공	향화청/산화락후 내림게바라/천수바라/사다라니바라	삼귀의작법/도량게작법/다게작법/향화게작법/삼남태작법/사방요신작법/구원겁중작법/욕건이/정법계진언후 옴남작법/운심게작법/창혼	정례작법 후 법고무 도량게작법 후 법고무	X
8. 식당작법	요잡바라	자귀의불작법/사방요신작법	오관게 후 법고무	O
9. 운수상단 권공(소청상위)	천수바라/사다라니바라/요잡바라/내림게바라	정례작법/도량게작법/다게작법/삼남태작법/오공양작법/사방요신작법/지옥고작법	X	X
10. 소청중위	내림게바라/요잡바라/사다라니바라	모란찬작법/오공양작법/사방요신작법	X	X
11. 신중퇴공	X	X	X	X
12. 관음시식	X	X	X	X
13. 봉송	X	X	X	X

〈표9〉 영산재 진행 및 작법무 구성

가 진행된다.

3. 나비무는 사방요신작법, 다게작법, 긔경작법, 삼귀의작법, 도량게작법, 향화게작법, 삼남태작법, 창혼작법, 지옥고작법, 구원겁중작법, 옴남작법, 운심게작법, 모란찬작법, 오공양작법, 식당작법시 자귀의불작법 등 15종이다.

4. 법고무는 동일한 형태로 4번(긔경작법 후 1번, 정례작법 후 1번, 도량게작법 후 1번, 식당작법시 오관게 후 1번) 사용된다.

5. 타주무는 식당작법시 각각의 공양게송 사이에서 타주무가 반복 진행된다.

6. 이 중 3일 영산재와 달리 1일 영산재 진행시에는 그 곡목을 무용 대신 짧은 게송으로 줄여서 진행한다.

5 불교무용 전승 계보

불교무용은 불교음악인 범패를 배우는 과정에서 학습되어진다. 삼국시대나 고려시대의 경우도 범패승이라면 범패, 무용, 악기 등을 함께 배웠을 것으로 추측되나 문헌상의 기록은 보이지 않는다. 다만 조선시대 감로탱화에서 악·가·무 모두 스님들이 하는 것을 미루어 볼 때, 현재처럼 무용을 하는 스님이라면 범패를 모두 할 줄 알았을 것으로 짐작된다. 원래 범패승이라 함은 불교의식에서 사용되는 악·가·무 기능을 갖춘 스님을 뜻하며 1987년 중요무형문화재 제50호 영산재 지정 이후 범패, 불교무용인 작법무, 장엄 등으로 세분화되면서 각 부문별로 나누어졌지만, 현재도 불교무용을 배우기 전에 반드시 범패 및 사물 다루는 법과 그 외 장엄을 만들거나 설치하는 방법을 범패 학습 과정에서 배우고 익힌다.

홍고 Hong-go

1. 삼국시대·고려시대 계보

삼국시대의 법회 의식에 대한 기록은 진평왕 15년(613년) 황룡사 백고좌(百高座) 설치 기록만이 전하며, 범패에 대한 기록은 국보 169호(호암 박물관 소장) {화엄경사경조성기(華嚴經寫經造成記)}(754. 8. 1-755. 2. 14)에 '한 법사가 범패를 불러 이끌며'라는 의식절차

의 기록, 경덕왕 19년(760년) 〔삼국유사(三國遺事)〕〈월명사(月明師) 도솔가조〉의 '소승은 화랑의 무리라 아는 것은 향가 뿐이요 범패는 서투릅니다' 라는 기록과 이 외 830년 범패승 진감국사에 대한 것을 들 수 있다. '진감국사는 신라 804년 당 해주(현재의 창현)로 유학을 떠나 홍법사 신감(神鑑: 마조 도일선사의 제자)에게 사미계를 받고〔법명: 혜소(慧照), 원화(元和) 5년〕 810년 숭산 소림사 지암(智巖)선사에게 공부를 하였다. 830년 신라에 돌아와 많은 사찰에서 범패를 가르쳤다' 고 한다. 이러한 내용을 보다 뒷받침하는 것이 경상도 하동 쌍계사(雙溪寺)에 있는 진감국사(眞監國師) 대공탑비문(大空塔碑文)에 상세히 서술되어 있지만 중국에서 어느 스승에게 범패를 배웠는지 계보는 알 수 없다.

나비춤 Nabimu (위)
바라춤 Baramu (아래)

하지만 최근 2002년 4월 2일 일본에서 신라시대 원효 스님이 671년에 저술하였다는 〔판비양론(判比量論)〕의 필사본(일본 중요문화재 지정. 대곡대학 소장. 740년 이전 완성)에서 신라시대에 만들어진 것으로 추정되는 불교 각필 악보가 한 · 중 · 일의 각필 연구가 고바야시 요시노리(小林芳規)

나비춤 Nabimu

에 의해서 발견되었다. 이것은 830년 진감국사가 당나라에서 배워온 당풍의 범패 이전에 이미 신라에 신라풍 범패가 있었음을 알 수 있는 자료이며, 한국 불교음악 악보의 역사를 740년 이전으로 볼 수 있게 하는 자료이다.

'각필' 이란 상아나 대나무 등을 사용, 뾰족한 부분으로 경전의 한자 옆에 발음 등을 알려주기 위해 표시한 것이다. 범패의 각필악보는 2000년 10월 29일 범패승 법현(法顯)에 의해 최초로 발견되었는데 신라말 고려초에 만들어진 {묘법연화경} 권一, 권八(서울 성암고서박물관 소장. 1020년 이전 추정)의 각필악보이다. 이러한 것들을 미루어 볼 때 삼국시대와 고려시대는 귀족불교와 더불어 국가적으로 호국 법회 및 대규모의 불교의식이 행해졌을 것으로 짐작되나 범패 계보에 대한 자료는 보이지 않는다.

2. 조선시대 계보

조선시대에는 숭유억불정책 가운데에서도 많은 의식이 행해졌고 자료도 많이 남겼다. 각종 의식집 가운데 1748년 영조 4년 대휘화상이 작성한 {범음종보}에 범패 계보를 다음과 같이 서술하고 있다.

①국융(國融)-세종(1418-1450에 활약) ②응준(應俊) ③혜운(惠雲) ④천휘(天輝) ⑤연청(演淸) ⑥상환(尙還: 임진왜란 1592년 이후 활약) ⑦설호(雪湖) ⑧운계당법민(雲溪堂法敏: 효종 1650-1659에 활약) ⑨혜감(慧鑑)

10대 ─── 현영(絢映) ─ (등광사)
　　　├─ 유민(有敏)
　　　├─ 채청(采淸) ─ (봉암사)
　　　├─ 찬오(贊悟) ─ (남평 불회사)
　　　├─ 성각(性覺) ─ (능성 천불산, 개천사)
　　　├─ 축찰(竺察) ─ (해남 대흥사)
　　　├─ 대휘(大輝) ─ (장릉 보림사) ─ 개천사, 유마사, 수인사, 법천사, 천관사, 만연사, 미황사, 봉림사, 쌍계사
　　　├─ 이진(怡眞) ─ (낙안 징광사, 개흥사), 풍식(豊湜) ─ (쌍봉사, 개천사, 봉암사)
　　　├─ 시명(始明) ─ (영암 미황사) ─ 상화사, 송광사
　　　├─ 체운(體雲) ─ (홍국사)
　　　├─ 융학(融學), 재방(再芳) ─ (순천 선암사)
　　　├─ 각선(覺禪) ─ (구례 화엄사) ─ 화엄사, 태인사, 선암사, 청암사, 개흥사, 인관사, 관음사, 홍국사, 백천사
　　　├─ 도인(道忍) ─ (순천 대광사) ─ 불탑사, 중흥사, 대흥사, 태인사, 실상사, 선암사, 화엄사, 송천사, 능가사(익정) ─ 능가사, 송광사, 쌍계사, 봉암사, 화엄사, 홍국사, 선암사, 정혜사, 대흥사, 관음사, 개흥사
　　　└─ 연기(演機) ─ (고흥 금탑사) ─ 금탑사, 성불사, 피근사, 대흥사, 송광사, 태안사, 화엄사
11대 ─── 계환(戒還) ─ 화엄사, 선국사, 감로사, 보림사, 송천사, 옥천사, 대흥사, 쌍계사
12대 ─── 홍해(洪海) ─ 감로사, 화엄사, 지국사, 도림사, 송광사, 오탑사

3. 일제시대부터 1970년 이전 계보

1) 서울·경기(경제)
(1) 한만영 작성 계보*

*『한국불교음악연구』
(서울대출판부, 1980)

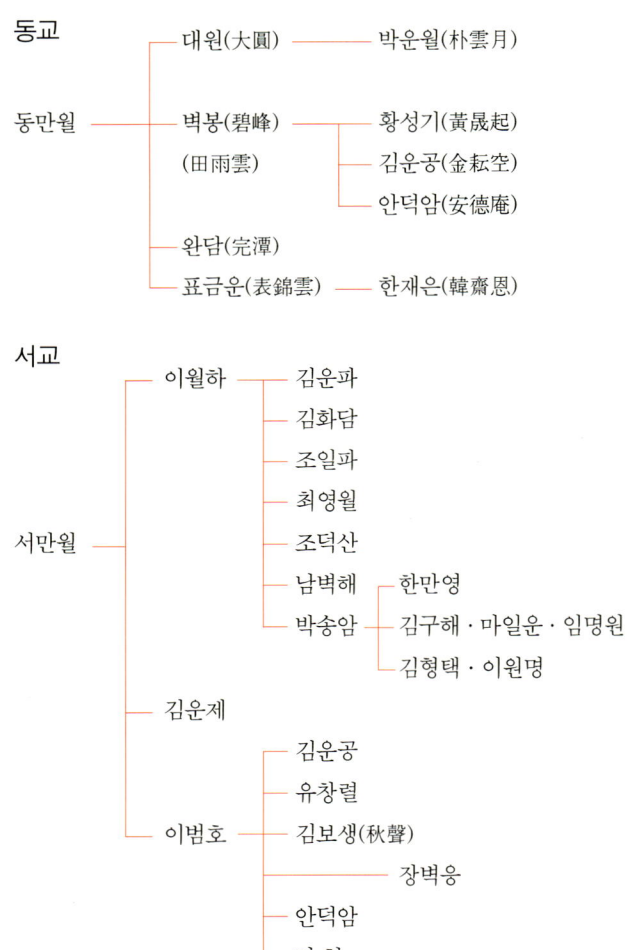

타주춤 Tajumu

최고의 어장 범패승 일응, 벽응, 지광, 송암 큰스님 (좌로부터)

(2) 홍윤식 조사 계보*

*『이조불교의 신앙의례』
(원광대출판부, 1984)

동교

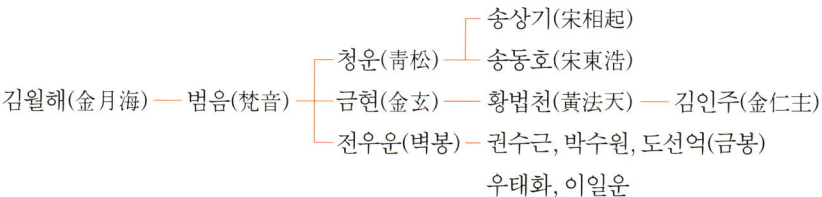

서교

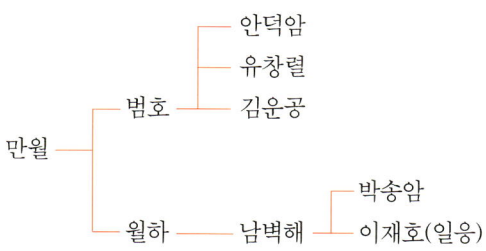

불교무용 전승 계보 109

근세 불교음악 범패, 불교무용 중흥조
-어장 송암 큰스님

(3) 법현 조사 계보(일제시대부터 1970년대)

본 계보는 1929년 고교형 {이조불교}와 동국대 소장 {범음집}을 참고하고 봉원사 박송암스님의 증언을 토대로 정리하였다. 동교와 서교 이외에 범패승이 더 있을 것으로 추정되나 미확인된 것은 기재하지 않았다.

범패승 송암스님은 "원래 어장스님들은 '동만월, 서만월'이라 하지 않고 '동교, 서교, 동불암, 서진관'이라고 말한다. 동교는 개운사·봉국사·홍천사(신흥사)·불암사 중심을, 서교는 진관사·홍국사·봉원사·백련사 중심을 말한다."고 하였다.

동교(개운사 등 동쪽 중심의 사찰)

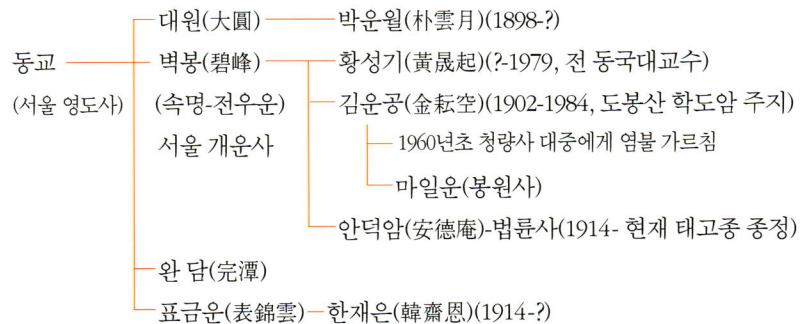

110 불교무용

바라춤(군무)

서교(봉원사, 백련사 등 서쪽중심 사찰 소리)

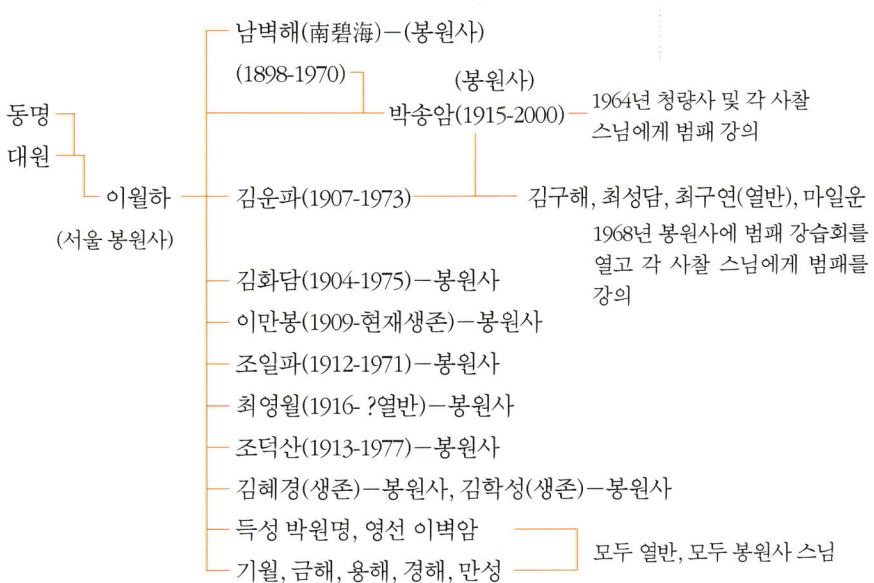

- 동명 대원
  - 이월하 (서울 봉원사)
    - 남벽해(南碧海)—(봉원사) (1898-1970)
      - 박송암(1915-2000) (봉원사) — 1964년 청량사 및 각 사찰 스님에게 범패 강의
    - 김운파(1907-1973) — 김구해, 최성담, 최구연(열반), 마일운 1968년 봉원사에 범패 강습회를 열고 각 사찰 스님에게 범패를 강의
    - 김화담(1904-1975)—봉원사
    - 이만봉(1909-현재생존)—봉원사
    - 조일파(1912-1971)—봉원사
    - 최영월(1916- ?열반)—봉원사
    - 조덕산(1913-1977)—봉원사
    - 김혜경(생존)—봉원사, 김학성(생존)—봉원사
    - 득성 박원명, 영선 이벽암
    - 기월, 금해, 용해, 경해, 만성
      - 모두 열반, 모두 봉원사 스님

불교무용 전승 계보 111

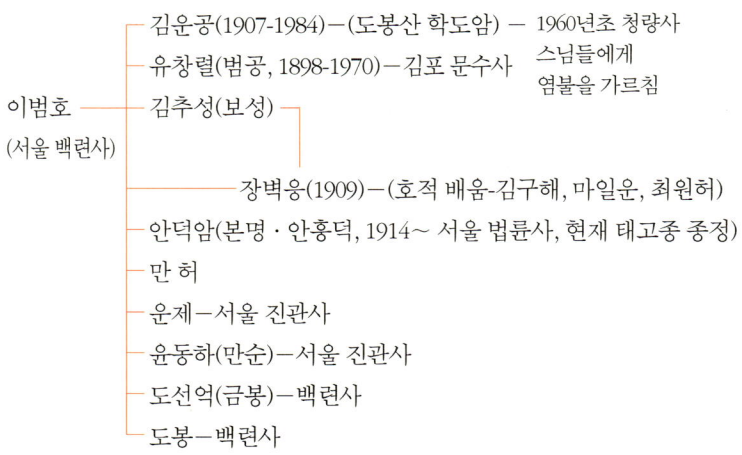

동교 및 서교에서 보이는 동일한 이름은 같은 범패승으로 예전에는 동교, 서교를 가리지 않고 범패 학습교류가 이루어졌다. 또 범패의 체계적인 전승을 위해 동교 및 서교 스님들이 서울과 지방의 강원 및 각 사찰 스님들에게 범패를 강습하였고, 1968~69년 봉원사에서 범패 강습회를 열어 봉원사 어장 스님을 주축으로 범패를 강의하였고 이것이 1970년 이후 범패 전승에 일익을 담당하게 된다.

2) 영남지방(영제)
3) 전라도(완제)

4. 1970년대 이후 전승 계보

범패는 1973년 11월 5일 박송암(1915-2000), 김운공(1907-

1984), 장벽응(1909-2000) 스님 등 세 분이 중요무형문화재 제50호로 지정되었다. 그 후 1987년 11월 11일 범패, 장엄, 작법무 등이 영산재로 통합하여 지정된다. 장엄부분 정지광(1925-1997), 작법무부분 이일응(1920-생존) 스님 등이 문화재로 지정되어 체계적인 계보가 형성되었다.

1) 서울(경제) 범패 (법현 조사 계보)*

*2002년 5월 중요무형문화재 제50호 영산재 전승자에 의한 지정 연도별 자료표 참조.

박송암
(범패)
1973.11.5
보유자 지정

- 준보유자: 김구해(인식) -봉원사
- 전수교육보조자: 마일운(명찬)-봉원사, 오송강(찬영), 이기봉(수길)-봉원사
- 이수자: 김법기(효성)-정법사, 조인각(동환)-봉원사, 김능화(종형)-구양사
  최원허(학성)-봉원사, 김법현(응기)-봉원사, 조성오(석연)-봉원사
  박고산(영대)-봉원사, 한동희(희자)-자인사, 이원명(조원)-홍원사
  박일초(치훈)-자원사, 방보명-법륜사, 임명수, 김형택, 권종일

- 전수자: 이호산, 서진철, 노혜공, 장청봉, 김미산, 조혜산, 김선각, 김태허, 조효광, 김법운, 오보운, 이일각, 송법우, 박법안, 이정오, 김현준, 김현수, 양호철, 박선광, 변춘광, 류화산, 이석룡, 김성마, 조신원, 전지암, 박청산, 이혜조, 오문곡, 이개문, 심지허, 노계성, 김선혜, 황진법

- 그 외 1970년초 보문사 선하, 인구, 법성스님.
  미타사 비구니 스님에게 범패 강의.

- 해방 이후 및 1968년 옥천범음회를 주축으로 2000년 2월까지 중요 무형문화재 제50호 영산재 보존회 부설 범음대학에서 수많은 학인들에게 범패 및 무용 강의, 수많은 범패승 배출.

이월하 ─┬─ 김혜경 (봉원사)-1988.7.31 이수자 지정
(범패) └─ 김학성 (봉원사)-1988.7.31 이수자 지정

김운공(범패) — 1973년 11월 5일 보유자 지정 후 1984년 열반, 후계자 미지정.
장벽응(범패) — 1973년 11월 5일 보유자 지정 후 2000년 열반, 후계자 미지정.
정지광(장엄) — 1987년 11월 11일 보유자 지정 후 1997년 열반, 후계자 미지정.

정지광 ─┬─ 이경암(봉원사)-1988.7.31 이수자 지정
(열반, 장엄) └─ 윤혜월(봉원사)-1994.10.29 이수자 지정
1987.11.11
보유자 지정

이일응 ─┬─ 이운봉(철호) 봉원사 -1993.11.30 이수자 지정
(작법무) └─ 김월타(창욱) 봉원사 -1994.11.29 이수자 지정
1987.11.11
보유자 지정

2) 부산(영제) 범패 계보

벽파(碧波) ── 안보해(安寬海) ── 김용운(金龍雲)
신흥(申興) ── 설호(雪湖)

부산 범패는 현재 부산시 무형문화재로 지정 후 범패, 장엄, 바라춤 계보로 전승되고 있다.

제9호 부산영산재

문구암스님(1993.4.20) 범패·장엄 — 부산시 지정
조혜륭스님(1993.4.20) 범패 — 부산시 지정
김해강스님(1993.4.20) 바라춤 — 부산시 지정
신청공스님(1993.4.20) 바라춤 — 부산시 지정

1993년 부산시 지정문화재 지정계보는 다음과 같다.

영남지방에는 충무 안정사 해강스님(어릴 때부터 범패를 배웠다고 함), 부산에는 조병태(해륭)스님과 문구암스님 두 사람이 현재 지정되어 있으나 해륭스님과 문구암스님은 범패와 장엄의 일부분만 전승하였다고 한다.

3) 인천시 지방무형문화재 10호 범패 · 작법무

김능화스님(2002.2.4) 작법무 · 바라춤 -인천광역시 지정
박일초스님(2002. 2. 4) 범패 · 나비춤 -인천광역시 지정

4) 호남계파(확인되지 않아 미기재)

현재 불교무용은 무용만 별도로 배우는 것이 아닌, 범패를 배운 스님들에 의해 서울과 지방에서 각기 전승되고 있다. 경제*는 중요 무형문화재 제50호로 지정되어 한국불교 태고종 봉원사(신촌), 백련사(남가좌동), 안정사(왕십리)를 중심으로 영산재의식이 전승되고 있으며, 경기도에서는 인천시 지방무형문화재 제10호 범패, 작법무로 지정되었다.

영제(부산 중심 범패)는 부산시 무형문화재 제9호 영산재(바라춤, 범패, 장엄)로 지정되어 부산 중심으로 전승되고 있으며, 완제(호남지방)는 봉서사 등 몇몇 사찰에서 전승의 맥을 이어가고 있다.

*서울, 경기 중심 범패 및 무용.

6. 식당작법 절차와 타주춤

1. 식당작법 의미와 구성

식당작법은 재(齋)에 동참한 모든 대중스님들이 식당(재당)에 모여 공양하는 의식이다. 생전예수재, 영산재, 수륙재 등 규모가 큰 재의식에서만 진행된다. 영산재 13가지 구성 절차 가운데 식당작법은 상단권공을 마친 후 시작된다. 식당작법의 의미는 공양이 이 자리에 오기까지 시자(施者: 베푸는 이), 수자(受者: 공양을 받는 이), 시물(施物: 공양물)의 공덕과 오관(五觀)을 관(觀)하고 공양을 받아 삼보를 생각하는 것이다. 또한 내 자신이 팔정도(八正

식당작법

道*의 수행 가르침을 받아 도업(道業)을 성취함은 물론 배고픔의 고통을 받는 아귀(餓鬼)중생에까지 공양을 베풀어 부처님의 참된 가르침을 깨닫게 하는 과정이다. 일반 대중사찰에서 하는 공양과 달리 영산재 식당작법에서는 범패 및 작법무가 진행된다. 사용되는 범패는 독창(獨唱), 대중창(大衆唱)으로 바깥채비의 홋소리로 글은 산문, 게송, 범어, 진언으로 구성된다. 그 외 기악 및 사물(四物)의 반주에 악·가·무가 어우러지는 공양의식이다.

식당방

*여덟 가지 수행 계목. 正見: 바른 견해, 正思惟: 바른 의사 및 결의, 正語: 바른 말, 正業: 옳은 행위, 正命: 바른 생활, 正精進: 바른 수행, 正念: 옳은 생각, 正定: 마음을 안정시키고 정신을 집중하는 것.

(1) 의식 구성

식당작법은 많은 대중이 식당방(食堂榜)*의 총명지**에 의거하여 각자의 소임이 정해지는데, 사용되는 악기와 불구(佛具), 역할, 구성 및 절차는 다음과 같다.

*절차에 따른 순서.
**각자의 맡은 바 임무를 적어놓은 방.

1. 악기(樂器): 목어(木魚), 운판(雲板), 법고(法鼓), 대종(大鐘), 삼현(三絃), 육각(六角), 호적, 바라, 광쇠, 태징, 목탁, 경쇠.

2. 기타 기구(其他器具): 팔정도 타주(打柱) 1개, 타주

목어, 당상 (위)
정수, 정건 (아래)

*금당좌(金堂座)라고도 한다.
**허공중생을 위하여 사용되어지는 사물.
***수륙중생(물고기)을 위하여 사용되어지는 사물.

(打柱)채 2개, 판장(板長: 나무로 된 것으로, 대중의 정렬을 자로 재는 의미로 사용) 2개, 정수기(淨水器: 물을 담는 그릇), 정건기(淨巾器: 마른 면포와 그릇), 바라 두 벌, 발우.

3. 의식의상(儀式衣裳): 대중스님과 법고춤 의상은 가사장삼을 입고 하며, 타주무의 의상은 나비무 의상과 동일한 육수장삼과 육수가사 및 고깔을 착용한다.

4. 식당방(食堂枋)에 의한 역할

당좌(堂座)* 1인: 식당작법 의식 전체를 지휘한다.

중수(衆首) 1인: 식당작법에 모인 전체 대중을 통괄한다.

당종(堂鐘) 1인: 종 치는 소임을 맡는다.

운판(雲板)** 1인: 운판 치는 소임을 맡는다.

타주(打柱) 2인: 타주와 바라무, 나비무를 맡는다.

당상(堂象) 1인: 북치는 일과 법고무를 맡는다.

목어(木魚)*** 1인: 목어 치는 일을 맡는다.

오관(五觀) 5인: 오관게 짓소리를 맡는다.

정수(淨水) 2인: 물 나르는 일을 맡는다.

정건(淨巾) 2인: 수건 나르는 일을 맡는다.

하발(下鉢) 1인: 징 치는 일을 맡는다.

판수(板手) 2인: 좌판(左判), 우판(右判) 2인으로 대중을 정돈시키는 일을 맡는다.

일반대중: 의식에 참여한 일반대중은 중수(衆首)의 지휘에 따라 염불을 함께 염송함은 물론 작법을 통해 공양의 의미와 도업(道業) 성취에 동참한다.

(2)식당작법 진행 구성

식당작법은 크게 7가지 절차로 진행되는데 다음과 같다.

좌판, 우판

①운판삼하호/당종 18추/목어당상초삼통/목어당상후오통

②오관게(五觀偈) 후 법고무

③하발금15추/조판 우판/정수정건/약부상좌 운운/반야바라밀다심경/전발게/반야심경/아제아제 바라아제 바라승아제 모지사바하/처무상도/십념청청 운운/마하반야바라밀/약반식시 운운/약견공발 운운/불삼신진언/법삼장진언/승삼승진언/계장진언/정결도진언/혜철수진언

④식영산(食靈山)

⑤약견만발 운운/차시제중생 운운/오관게/정식게/삼시게/삼덕육미 운운/공양소합소/공백대중 운운/절수게/반식이흘 운운/처처간여호공 운운/축원/사가부좌 운운/

해탈주/ 퇴좌출당당원중생/영출삼계

⑥자귀의불(自歸依佛)

⑦회향게(回向偈)

이 7가지 가운데 작법무가 쓰이는 곡은 ②오관게 후 요잡바라와, 요잡바라가 끝난 후 법고무, 공양게 게송시 타주무, ⑥자귀의불작법에서 나비무이다.

2. 식당작법 타주춤 절차

작법 진행 절차로 먼저 대종(大鐘)을 울려 식당도량(食堂道場)에 대중운집(大衆雲集)을 알린다. 대중스님들이 모이면 식당방(食堂榜)에 적힌 각자의 소임을 이야기한다. 진행절차는 다음과 같다.

(1) 운판삼하호(雲板三下乎): 한 스님이 운판삼하호를 먼저 외친 후 운판을 3번 친다.

(2) 당종십팔퇴(堂鐘十八槌): 당종을 맡은 스님이 종을 18번 친다.

(3) 목어당상초삼통알(木魚堂象初三通謁): 목어채와 법고채를 잡은 2인이 "목어당상초삼통(木魚 堂象 初三通)하려"라고 소리한 후 목어와 북을 울리며, 이때 대중은 기립한다.

(4) 목어당후오통알(木魚堂後五通謁): 두 스님이 다시 돌아와 "목어당상후오통(木魚堂象後五通)하려"라고 소

목어 및 법고무

리로 알린 후 정사각형 형태로 자리에 앉은 대중스님들 가운데 중앙의 다섯 분(오관)이 기립하여 각기 꽃을 하나씩 들고 아래 소리를 짓소리로 하면 대중이 모두 따라 한다. 이때 목어채와 북채를 잡은 스님은 아래 소리가 끝날 때까지 목어와 북을 울린다.

(5) 오관게(五觀偈)〈대중창-짓소리〉

아래의 글을 중수(衆首)를 중심으로 대중이 오관게 짓소리를 좌립 소리하며, 오관쪽의 5분 스님만 일어나 각각 꽃 한 송이씩 들고 '오관게' 짓소리를 한다.

【계공다소양피내처 촌기덕행전결응공 방심리과탐등위종 정사양약위요형고 위성도업응수차식 計功多少量彼來處 忖己德行全缺應供 防心離過貪等爲宗 正思良藥爲療形枯 爲成道業應受此食】

　　공덕이 많고 적음, 어디에서 왔는지 생각하고 헤아려
　　자기의 덕과 행이 공양 받을만한가 헤아려야 할 것이며
　　마음을 막아 자신의 허물과 욕심 등을 여의어 종(宗)을 삼아
　　좋은 약이 몸의 허물어짐을 치료하듯 바르게 사유하여

전발게

도업성취를 위한 도구로 공양을 받는 줄로 관해야 한다.

(6) 하발금오십퇴(下鉢金十五槌)

오관게 소리가 끝나면 대중은 묵좌하고 오관의 태징(下鉢金)소리에 맞추어 타주스님은 바라무를, 그리고 북채를 잡은 스님은 법고를 추며, 법고무가 끝나면 마춤쇠태징으로써 3번씩 몰아뛰어 15망치를 울려 마친다.

(7) 대중기립(大衆起立): 두 스님이 바라무와 법고무를 마치면 좌판 우판 쪽에서 한 사람씩 판장(板長)을 두 손으로 받쳐들고 중수(衆首) 앞에 선다. 이때 대중은 일제히 기립하고 판수를 든 스님이 자리를 바꾸어 서로 반대방향으로 한 바퀴 돌아 원래 자리로 돌아가 판장을 두 손으로 받쳐든 채로 대중스님들을 향하여 "일재(一齋)"라고 소리한 후 다시 제자리로 돌아간다.

(8) 정수 정건(淨水 淨巾)

"일재(一齋)" 끝 소리와 더불어 정수 정건 임무를 맞은 두 스님이 정수 정건을 들고 중수 앞에 서면, 당좌(堂佐)는 광쇠를 세 번 치면서 "정수 정건(淨水 淨巾)"이라고 소리를 길게 뽑고 타주스님은 타주를 하며, 정수 정건을 맡은 두 스님은 대중 앞을 한 바퀴 돌아 서로 자리를 바꾸는데 이때 당좌는 광쇠를 또 세 번 쳐서 마침을 나타낸다.

오관게 짓소리

(9) 중수타주대중창(衆首打柱大衆唱)

중수(衆首)가 경쇠를 한 번 쳐서 시작을 알리고 "약수상좌"라 소리하면 대중은 "당원중생 수선법좌 견진실상"을 일제히 외치고, 중수가 또다시 "정신단좌"라 소리하면 대중은 "당원중생조불도수 심무소외"라 제창하고, 타주스님은 타주를 돌려 무를 추고 대중은 착석한다.

중수: 약수상좌   대중: 당원중생 부선법좌 견진실상
(衆首: 若數上座   大衆: 當願衆生 敷善法座 見眞實相)
마땅히 모든 중생이 선법을 닦아 참 모습 보기를 서원하노라.

중수: 당원중생   대중: 당원중생 좌불도수 심무소외
(衆首: 當願衆生   大衆: 當願衆生 坐佛道樹 心無所畏)
마땅히 모든 중생이 보리수 아래 앉아 마음의 두려움을 없애기를 서원하노라.

(10) 당좌창(堂佐唱):

당좌가 광쇠를 세 번 치며 "반야바라밀다심경(般若婆羅密多心經)"이라 소리를 하는데, 이때 타주는 처음과 마지막 광쇠 치는 소리에 타주무를 한다.

타주무 *Tajumu*

(11) 중수대중창(衆首大衆唱) 타주(打柱)무: 중수는 경쇠를 한 번 쳐서 시작을 알리고 중수와 대중은 동음으로 전발게(展鉢偈)를 아래와 같이 염송하고 마지막 진언할 때 타주는 팔정도를 돌면서 타주무를 한다.

【여래 응량기 아금득부전 원공일체중 등삼륜공적 如來 應量器 我今得敷展 願共一切衆 等三輪空寂】 옴 발다나야 사바하 (3번)

여래란 부처님 명호 십호 중 하나이고 발우를 응기라 한다. 내가 이제 발우를 열어 폈으니 원컨대 일체 중생이 함께 평등하여 삼륜(三輪)*에 집착하지 않을지이다. "옴 발다나야 사바하" (3번)

*공양을 올리는 자, 공양을 받는 자, 공양물.

(12) 대중창(大衆唱): 중수가 경쇠로 시작을 알리면 대중 모두 반야심경을 아래와 같이 염하는데,

【관자재보살 행심반야 바라밀다 시 조견 오온개공 도 일체 고액 사리자 색불이공 공불이색 색즉시공 공즉시색 수상행식 역부여시 사리자 시 제법공상 불생불멸 불구부정 부증불감 시고 공중무색 무 수상행식 무 안이비 설신의 무색성향 미촉법 무안계 내지무의식계 무무명 역무무명진 내지무 노사 역

무노사진 무 고집멸도 무지 역무득 이무소득고 보제살타의
반야바라밀다 고심무가애 무가애 고 무유공포 원리전도몽상
구경열반 삼세제불 의반야바라밀다 고득 아욕다라삼먁 삼보
리 고지 반야바라밀다 시 대신주 시 대명주 시 무상주 시 무
등등주 능제일체고 진실불허 고설반야 바라밀다주 즉설주왈
觀自在菩薩 行 深般若 婆羅密多 時 照見 五蘊皆空 度 一切苦
厄 舍利子 色不異空 空不異色 色卽是空 空卽是色 受想行識
亦復如是 舍利子 是 諸法空相 不生不滅 不垢不淨 不增不減
是故 空中無色 無 受想行識 無 眼耳鼻 舌身意 無色聲香 味觸
法 無眼界 乃至無意識界 無無明 亦無無明盡 乃至無 老死 亦
無老死盡 無 苦集滅道 無智 亦無得 以無所得故 菩提薩   依
般若婆羅密多 故心無罣碍 無罣碍 故 無有恐怖 遠離顚倒夢想
究境涅槃 三世諸佛 依般若婆羅密多 故得 阿縟多羅三藐 三菩
提 故知 般若婆羅密多 是 大神呪 是 大明呪 是 無上呪 是 無
等等呪 能除一切苦 眞實不虛 故說般若 婆羅密多呪 卽說呪
曰】

까지 송주한다. 이때 타주는 정좌하고 있다.

 '관자재보살이 지혜의 완성을 실천할 때에 존재의 다섯 가지 구성요소에 실체가 없음을 비추어 보시고 모든 괴로움에서 벗어났느니라. 사리자여, 물질적 현상은 공과 다르지 않고 공은 물질적 현상과 다르지 않아서 물질이 곧 공이요 공이 곧 물질이며, 느낌과 지각과 의지작용과 의식도 그와 같이 실체가 없느니라.
 사리자여, 이 모든 존재는 실체가 없으므로 나지도 않고 없어지

지도 않으며, 더럽거나 깨끗하지도 않고 늘거나 줄어들지도 않느니라.

그러므로 공한 가운데는 물질도 없고 느낌과 지각과 의지작용과 의식도 없으며, 눈과 귀와 코와 혀와 몸과 의식도 없고 형상과 소리와 냄새와 맛과 감촉과 의식의 대상도 없으며, 눈의 영역과 내지 인식의 영역까지도 없느니라.

무명도 없고 무명이 다함도 없으며, 늙음과 죽음도 없고 늙음과 죽음의 다함까지도 없으며, 괴로움과 괴로움의 원인과 괴로움의 소멸과 괴로움을 없애는 길도 없으며, 지혜도 없고 얻을 것도 없느니라.'

얻을 것이 없으므로 보살은 지혜의 완성에 의지하여 마음에 걸림이 없고 걸림이 없으므로 두려움이 없으며, 뒤바뀐 생각을 버리고 완전한 열반을 이루었고 과거 현재 미래의 모든 부처님도 이 반야바라밀다에 의지하여 최상의 깨달음을 얻었느니라. 그러므로 반야바라밀다는 가장 신비한 진언이며 가장 밝고 가장 높아 무엇에도 비할 수 없는 진언이니, 능히 일체의 괴로움을 없애주며 진실하여 거짓됨이 없느니라. 그런 까닭에 반야바라밀다의 주문을 설하니라.

---

(13) 당좌창(堂佐唱): 당좌가 광쇠를 세 번 치며 "아제 아제 바라아제 바라승아제 모지 사바하(揭帝揭帝 婆羅揭帝 婆羅僧揭帝 菩提 娑婆訶)"라 창하며, 이때 처음 광쇠소리에 타주를 좌우로 세 번 올리고 돌아서서 팔정도를 중심으로 돌며 끝의 광쇠소리에 다시 타주를 세 번 올린 후 멈춘다. 그 후 광쇠를 세 번 쳐서 "처무상도념(處無上道念: 깨달음을 향한 수행자의 마음)"을 창하면 타주는 팔정도

를 돌며 타주무를 한다.

(14) 대중창십념(大衆唱十念): 중수가 경쇠를 쳐서 시작을 알리면 아래 글을 동음창화한다.

【십념 청정법신 비로자나불 원만보신노사나불 천백억화신 석가모니불 구품도사아미타불 당내하생미륵존불 시방삼세일체제불 시방삼세일체존법 대성문수사리보살 대행보현보살 대비관세음보살 제존보살마하살 마하반야 바라밀 十念 淸淨法身 毘盧遮那佛 圓滿報身盧舍那佛 千百億化身釋迦牟尼佛 九品導師阿彌陀佛 當來下生彌勒尊佛 十方三世一切諸佛 十方三世一切尊法 大聖文殊師利菩薩 大行普賢菩薩 大悲觀世音菩薩 諸尊菩薩摩訶 薩 摩訶般若 婆羅密】

이때 타주는 타주채를 들고 염송이 끝날 때까지 팔정도를 중심으로 돈다.

(15) 당좌창(當佐唱): 광쇠를 세 번 친 후 "마하반야바라밀(摩訶般藥婆羅密)"에 타주는 타주무를 한다.

(16) 중수대중창(衆首 大衆唱): 중수가 경쇠로 다시 시작을 알리면 대중은 동음창화로 아래 글을 염한다.

【약반식시 당원중생 선열위식 법선충만 若飯食時 當願衆生 禪悅爲食 法善充滿】

만약 공양에 임할 때는 모두 함께 발원하세. 선열로써 음식을 삼아 환희심으로 충만하기를.

【결가부좌 당원중생 선근견고 득부동지 結趺趺坐 當願衆生 善根堅固 得不動池】

가부좌를 틀고 좌정하여 모두 함께 발원하세. 선한 마음의 뿌리 견고하여 움직이지 않고 깨달음의 지위 얻어지길.

【약견공발 당원중생 기심청정 공무번뇌 若見空鉢 當願衆生 其心淸淨 空無煩惱】

만약 비어 있는 발우를 볼 때에 모두 함께 발원하세. 그 마음 청정하여 번뇌로 인한 업장 없어짐을.

"불삼신진언(佛三身眞言: 불(佛) 삼신을 원만히 갖추게 하는 진언): 옴 호철모니 사바하"(3번)

"법삼장진언(法三藏眞言: 법(法) 삼장을 갖추게 하는 진언): 옴 불모규라혜 사바하"(3번)

"승삼승진언(僧三承眞言: 승(僧) 삼승을 갖추게 하는 진언): 옴 수탄복다혜 사바하"(3번)

"계장진언(戒藏眞言: 계(戒)를 원만히 갖추게 하는 진언): 옴 흐리부니 사바하"(3번)

"정결도진언(定決道眞言: 정(定)을 원만히 가지려는 진언): 옴 합부리 사바하"(3번)

※아래 글귀에 중수는 경쇠를 치지 않는다.

"혜철수진언(慧徹修眞言: 혜(慧)를 원만히 닦게 하는 진언): 옴 나자바니 사바하"(3번)

(17) 오관(五觀) 및 대중창 식영산(食靈山): "나무영산회상불보살(南無靈山會上佛菩薩)"(2번)후 세 번째 소리는 대중 모두 짓소리로 하며, 막제게나 식영산을 한다.

막제게(莫蹄偈)

【불어무량겁 근고위중생 운하제중생 능보대사은 보현보살

광대원 광수공양무피염 佛於無量劫 勤苦爲衆生 云何諸衆生 能報大士恩 普賢菩薩廣大願 廣修供養無疲厭】

부처님은 한량없는 오랜 세월 중생을 위해 온갖 애를 쓰시였네. 우리 중생들 어떻게 부처님의 은혜를 갚을 수 있을까. 보현보살 넓고 크신 원으로 모든 부처님께 공양 올리는 마음 피곤함도 지루함도 다 잊으셨네.

(18) 중수창(衆首唱): 짓소리를 마치면 대중은 일제히 아래 글월을 동음창화한다.

【약견만발 당원중생 구족성만 일체선법 若見滿鉢 當願衆生 具足成滿 一切善法】

발우* 가득한 음식을 보며 모두 함께 발원하세. 온 세상의 좋은 법 빠짐없이 가득하길.

*스님들의 공양구.

【득향미식 당원중생 지절소욕 정무소착 得香美食 當願衆生 知節少欲 情無所着】

달콤한 음식받고 모두 함께 발원하세. 절제와 욕심 덜어 애착하는 마음 없어지길.

【원아소수공 변성묘공구 변어법계중 공양제삼보 願我所受供 變成妙供具 遍於法界中 供養諸三寶】

원하옵건대 받은 이 음식 미묘한 공양구로 변해지고 법계에 두루하여 다함이 없는 삼보께 공양 올려지이다.

【차시제중생 무유기갈자 변성법희식 속성무상도 次施諸衆生 無有飢渴者 變成法喜食 速成無上道】

다음은 모든 중생에게 베푸나니 주리고 목마른 자 기갈이 없어지고 법열의 공양으로 변하여 위없는 부처님의 도를 어서 빨리 이루소서.

【아신중유 팔만호 일일각유 구억충 제피신명 수신시 아필성도 선도여 我身中有 八萬毫 一一各有 九億蟲 濟彼身命 受身施 我必成道 先度汝】

나의 몸 가운데 팔만 개의 털 하나하나 구멍에 구억의 생명이 있네. 그들도 제도코자 시주를 받았으니 반드시 성불하여 저들 먼저 제도하리.

【원단일체악 원수일체선 소수제선근 회향제중생 보공성불도 願斷一切惡 願修一切善 所修諸善根 回向諸衆生 普共成佛道】

원컨대 악한 업 모두 끊게 되고 원컨대 착한 업 모두 다 행하여 닦은 바 선한 공덕 조금도 남김없이 일체 중생 모두에게 정성껏 회향되어 일체중생이 차별없이 불도를 이루어지이다.

【계공다소양피내처 촌기덕행 전결응공 방심리과탐등위종 정사양약위요형고 위성도 업응 수차식 여등귀신중 아금시여공 차립변시방 삼도기갈 실제열뇌 보동공양 計功多少量彼來處 村己德行 全缺應供 防心離過貪等爲宗 正思良藥爲療形枯 爲成道 業應受此食 汝等鬼神衆 我今施汝供 此粒遍十方 三途飢渴 悉除熱惱 普同供養】

이 모든 공양 온 곳 헤아리니 모든 이들의 공덕이 많았네. 이 몸의 덕행(德行) 얼마쯤인고. 마땅히 응당히 공양받을 만한 자격이 있는가 없는가. 탐내고 성내고 어리석음의 뿌리로 된 마음 막아 허물 여의리. 몸을 치료하는 옳은 생각의 양약으로 도업 이루기 위하여 이 공양을 받겠습니다. 너희 여러 귀신들아 내가 이제 너희에게 밥을 주노라. 이 공양 시방에 두루하여 모든 귀신에게 먹게 하노라.

(19) 대중창: 중수가 광쇠를 일곱 망치 치고 나서 대중

이 "정식게(淨食偈)"를 염한다.

【오관일적수 팔만사천충 약불념차주 여식중생육 五觀一滴水 八萬四千蟲 若不念此呪 如食衆生肉】

내가 받아든 이 물 한 방울에 팔만 사천 벌레 있거늘 만약 이 주문을 생각지 않으면 중생의 고기를 먹는 것과 같으리.

※반드시 이 주문을 외우라는 뜻

"옴살바나유타발다나야반다반다사바하"(세 번)

(20) 대중창: 중수가 경쇠를 치면서 "삼시게(三匙偈)"라 시작을 하면 대중이 아래 글귀를 염송한다.

【원단일체악 원수일체선 원공제중생 동성무상도 願斷一切惡 願修一切善 願共諸衆生 同成無上道】

원하건대 모든 악을 끊고 원하건대 모든 선을 닦아 원하건대 모든 중생이 같이 가장 위없는 도를 같이 성취하게 하옵소서.

(21) 타주상환(打柱相換): 위 글의 끝소리와 더불어 세 번의 광쇠 소리와 함께 타주는 자리를 바꾼다.

(22) 당좌창(堂佐唱): 세 번 광쇠 소리와 함께 아래 글귀를 소리로 지어 부르는데 이는 공양을 권하는 것이다.

【삼덕육미 시불위승 법계인천 보동공양 三德六未 施佛爲僧 法界人天 普同供養】

세 가지 덕과 여섯 가지 맛(육법공양)을 갖추어 삼보님과 인간세계 두루 공양 올리오니 공양 함께 드시옵소서.

(23) 타주권반(打柱勸飯): 앞의 염송과 함께 두 스님은 타주무를 하며 팔정도를 한 바퀴 돈 후 상하판을 향하여 "공양소합소", 다시 좌우측을 향하여 "공양소합소"를 외친 후 팔정도에 등을 맞대고 좌정한다. 대중은 묵무언설

(默無言說: 말을 하지 않고)하며 공양을 한다.

(24) 당좌창: 당좌가 광쇠를 세 번 친 후 아래 글귀를 염송하면 타주는 춤을 춘 후 서로 등을 맞대고 좌정한다.

【공백대중 단념무상 당동정진 여구두연 신물방일 恭白大衆 但念無常 當動精進 如救頭燃 愼勿放逸】

대중 모두 공손히 아뢰나니 무상함을 생각하사 정진에만 힘쓰기를 머리 위의 불을 끄듯 해서 게으름을 거두소서.

(25) 공양: 대중은 소리를 내지 아니하며 공양한다.

(26) 중수: 공양을 거의 마칠 무렵 숭늉이 쇠로 6추를 울리면 물을 돌린다.

(27) 당좌창: 대중이 공양을 거의 마치고 바리대를 씻고 나면 중수가 "절수게(絶水偈)"라 하고, 당좌는 광쇠로 세 번 치며 아래 글을 독소리로 하며 타주는 팔정도를 한 바퀴 돈다.

【아차세발수 여천감로미 시여아귀중 개령득포만 我此洗鉢水 如天甘露味 施汝餓鬼衆 皆令得飽滿】

내 발우 씻은 물 하늘의 감로 맛에 비할까. 그대 아귀들에게 공양하노니 모두 배불리 먹을지어다.

한 후 중수는 광쇠를 세 번 치고 아래 글귀를 세 번 외친다.

"옴 마휴라세 사바하"(3번)

진언을 세 번 창하며 타주는 이 때에도 타주무를 한다.

(28) 중수대중창: 다시 중수가 광쇠를 치고 대중과 함께 아래 글을 염송한다.

【반식이흘 당원중생 덕행원만 성십종지 원아소수 향미

촉 부주아신 출모공 변입법계 중생신 등동법약 제번뇌 시
자수자 구획오상 색력명안 급무애변 飯食已訖 當願衆生
德行圓滿 成十種智 願我所受 香味觸 不住我身 出毛孔 遍
入法界 衆生身 等同法藥 除煩惱 施者受者 具獲五常 色力
命安 及無碍辯】

법공양 마치며 발원하세. 덕과 행이 원만하여 십종지혜 이루기
를. 원컨대 섭취한 바 향기로운 음식 이 몸 안에 안 머물고 모공 따
라 나아가서 멀리 모든 법계 중생 몸에 스며지어 모든 번뇌 없애주
는 신묘한 약 되소서. 베푸나니 받는 이나 모두 함께 오상(五常)*을
얻고 기력이 충만되어 병 없는 긴 수명 고통 없고 걸림없는 것을 얻
을지이다.

*인(仁), 의(義), 예(禮), 지(智), 신(信).

(29) 당좌창: 당좌는 광쇠를 세 번 친 후 아래 글귀를 외
친다.

【처세간 여허공 여련화 불착수 심청정 초어피 계수례
무상존 處世間 如虛空 如蓮花 不着水 心淸淨 超於彼 稽首
禮 無上尊】

세간 속에 자리해도 걸림 없는 허공 같고 아름다운 저 연꽃 더러
움에 스며들지 않듯 청정한 마음으로 저 깨달음의 세계 태어나서 오
체투지 머리 숙여 부처님께 귀의하세.

(30) 축원문봉송(祝願文奉頌): 당좌는 광쇠를 친 후 금
일 공양 발원자 축원문을 아래와 같이 한다.

【금일 지극지정성 위천재자 모인 복위 모인 영가 今日
至極之精誠 爲薦齋者 某人伏爲 某人 靈駕】

금일 지극한 마음으로 공양 올리는 ○○재자와 ○○영가

(31) 타주: 위 소리의 광쇠에 맞추어 타주무를 한다.

(32) 오관소리: 계속해서 타주춤이 이어지고

【왕생왕생원왕생 往生往生 願往生(왕생극락하옵소서)】 할 무렵 오관(五觀)은 일어나 징을 치며 앞 글을 소리로 한다.

(33) 당좌창: 오관의 소리가 끝나면 당좌는 광쇠를 세 번 치고,

【금일 지성 위천재자 상서선망부모 다생사장 오족 육친 각열위열명영가 今日 至誠 爲薦齋者 上逝先亡父母 多生師長 五族 六親 各列爲列名靈駕(금일 지극한 마음으로 재를 올리는 재자와 모든 조상 영가시여)】를 독소리로 한다.

(34) 오관소리: 오관에서 태징을 치며【정찰정찰 생정찰 淨刹淨刹 生淨刹(정토세계에 나옵소서)】을 하면 타주는 이에 무를 한다.

(35) 당좌창: 당좌는 또다시 오관의 소리를 받아서 광쇠를 세 번 치고,

【금일지극지정성 관수분향 설판재자 모인 각각등보체 (今日至極之精誠 盥水焚香 設判齋者 某人 各各等保體(금일 지극한 정성으로 손을 씻고 향을 피우며 재를 올리는 00재자들이여)】소리를 한다

(36) 오관소리: 당좌의 소리를 받아서 오관쪽에서 태징을 치며【명장명장 수명장 命長命長 壽命長(수명장수 하옵소서)】소리를 하며 타주는 계속해서 무를 한다.

(37) 중수대중창: 오관소리와 타주춤이 끝나면 중수는 광쇠 소리 맞추어 아래의 게송을 대중 모두가 염송한다.

【금일공양재자 액소재 원성취 사사시주중복수 간과식정국

식당작법(타주좌립)

태평 법계중생동일포 마하반야 바라밀 今日供養齋者 厄消災願成就 四事施主增福壽 干戈息靜國太平 法界衆生同一飽 摩訶般若 波羅密】

금일 공양 올리는 재자는 일체의 관재구설 및 어려움 등을 소멸하여 원하는 바 성취하고, 일체의 시주자는 복과 명을 더하며, 나라엔 전쟁이 없고 태평하며, 모든 일체(법계)중생 다함께 깨달음의 지혜(반야)의 배를 타서 성불할 지어다.

(38) 중수대중창: 중수가 광쇠를 치면 아래 소리를 하고 타주는 팔정도를 돌며 춤을 춘다.

【사가부좌 당원중생 관제행성미개산멸 捨跏趺坐 當願衆生 觀諸行性迷皆散滅】

가부좌를 풀 때에 모두 함께 발원하세. 세월의 모든 것 무상함을 깨우치기를.

【하상안족 당원중생 이천선적 부동해탈 下床安足 當願衆生 履踐善跡 不動解脫】

자리에서 내려설 때 모두 함께 발원하세. 크나큰 선지식 자취 따라 해탈위에 오를 것을.

【견지응기 당원중생 성취법기 수천인공 堅持應器 當願衆

生 成就法器 受天人供】

발우(응량기)를 잡아쥐고 모두 함께 발원하세. 이 내 몸이 법의 그릇이 되어 하늘과 사람의 공양 받게 되길.

【시거족시 당원중생 월도생사 선법만족 始擧足時 當願衆生 越度生死 善法滿足】

발우 들고 내릴 때 모두 함께 발원하세. 생사고해 뛰어넘을 선법이 만족하길.

【나무동방 해탈주세계 허공공덕 청정미진 등목단정 공덕상 광명화 파두마 유리광 보체상 최상향 공양흘 종종장엄정계 무량무변 일월광명 원력장엄 변화장엄 법계출생 무장애왕 여래아라한삼먁삼불타 南無東方 解脫主世界 虛空功德 淸淨微震 等目端正 功德相 光明華 波頭摩 琉璃光 寶體相 最上香 供養訖 種種莊嚴頂髻 無量無邊 日月光明 願力莊嚴 變化莊嚴 法界出生 無障碍王 如來阿羅訝三藐三佛陀】

귀의합니다. 동방 해탈주세계는 허공과 같은 공덕이 있으사 작은 티끌까지도 청정하옵고 두 눈 같이 단정한 공덕 갖추었나이다. 상호(부처님의 눈)의 광명은 아름다운 붉은 연꽃이 유리처럼 빛나듯 하옵고 보배로운 모습의 향기는 최상의 향기이십니다. 공양을 마치시고 가지가지로 육계를 장엄하시고 한량없고 가없는 일월 같은 광명은 원력으로 이루심이옵니다. 중생의 근기 따라 장엄하시고 법계에 출현하신 걸림 없으신 대법왕 여래아라한 삼먁삼불타이시여.

(39) 당수창: 위 소리를 마치면 당수는 경쇠를 한 번 치고 아래의 소리를 한다.

【퇴좌출당 당원중생 심입불지 영출삼계 退座出堂 堂願衆生 深入佛地 永出三界】

식당 안에서 나올 때 대중 함께 발원하세. 부처의 깨달음 경지에 깊이 들어 윤회세계 여의옵기를.

이때 소리는 '퇴좌출당 당원중생 심입불지' 까지만 한다.

(40) 당좌창: 당좌는 광쇠를 세 번 친 후 "영출삼계(永出三界)"를 외치면 타주는 무를 한 후 팔정도를 옆으로 쓰러뜨려 놓는다. 그리고 오관과 대중일동은 "자귀의불(自歸依佛)"을 염하며 돈다.

(41) 자귀의불(自歸依佛): 오관에서 "자귀의불(自歸依佛)" 소리를 하면 대중이 식당을 돌며 타주인은 나비무를 하고, 끝난 후 요잡태징에 맞추어 요잡바라무를 한다.

【자귀의불 당원중생 체해대도 발무상의 自歸依佛 當願衆生 體解大道 發無上意】

【자귀의법 당원중생 심입경장 지혜여해 自歸依法 當願衆生 深入經藏 智慧如海】

【자귀의승 당원중생 통리대중 일체무애 自歸依僧 當願衆生 統理大衆 一切無碍】

모든 불보에 귀의함에 모두 함께 발원하세 모든 것 스스로 느껴 위없는 도 펼치기를.

모든 법보에 귀의함에 모두 함께 발원하세 진리의 보배창고 깊이 들어 지혜 크기 바다같기를.

모든 승보에 귀의함에 모두 함께 발원하세. 뭇 중생을 제도하여 모든 것에 걸림이 없기를.

쇠를 몰아쳐서 요잡 후 "회향게(回向偈)"를 한다.

(42) 대중창(回向偈): 당수의 광쇠 소리에 "회향게"를

법고춤 *Beopgomu*

대중이 동음창화로 한다.

【보원중생 고륜해 총령제열득청량 개발 무상보리심 동출애하등피안 普願衆生 苦輪海 摠令除熱得淸凉 皆發無上菩提心 同出愛河登彼岸】

끝없는 고통의 바다에서 고통받는 뭇 중생들 모든 끓는 번뇌 다스려 청량한 마음 얻기를 발원하오니 모두 함께 무상의 보리 향한 마음 발하여 자비의 강 뛰어넘어 열반의 언덕에 이르기를.

(43) 대중창: 위의 글이 끝나면 쇠를 다 몰아치고 나서 증수가 "성불합소" 하면 대중일동이 동음으로 제창한다.

이러한 절차로 식당작법의식이 끝이 나면, 공양을 마친 후 발우를 씻었던 천수물은 공양주가 도량 한쪽에 마련된 천수대에 부어 아귀에게 공양을 올린다.

7. 영산재 진행과 불교무용

1. 영산재 구성

영산(靈山)재의 영산은 영산회상(靈山會上)의 줄인 말로, '석가모니 부처님께서 영취산에 계시며 설법(說法)하시던 때의 모임이다. 영산재는 이 법회(法會)에 동참한 모든 청문중(聽聞衆), 외호중(外護衆)이 환희심을 일으키고, 시방(十方)의 제석천왕과 수많은 보살, 신중 등이 운집하여 부처님의 설법을 듣고 환희했으며, 하늘에는 만다라 꽃이 날리고 묘음보살(妙音菩薩) 및 천동천녀(天童天女)가 내려와 꽃과 향, 기악과 가무로써 공양 하였던 당시의 광경을 상징화한 의식이다.

영산재 의식은 3일 동안 진행되며, 현재 중요무형문화재 제50호로 지정되어 있다. 오늘에 전하는 형태의 영산재 의식이 언제부터 행해졌는지는 정확히 알 수 없다. 다만 조선시대(朝鮮時代) 중기에 편찬된 의식집(儀式集)인 {작법귀감(作法龜鑑)}이나 {범음집(梵音集)} 등에 영산재 의식 절차와 구성이 나타나 있는 것으로 보아 영산재 의식이 오래 되었음을 추측할 수 있다. 현재 중요무형문화재 제50호 영산재(靈山齋)의 구성적인 면은 3일 영산재 구성 형식을 취하고 있다. 근래 1일 영산재의 진행에서도 종전의 3일 영산재와 동일한 의식구성으로 진행된다.

영산재의 의식 절차는 전체 재(齋)의식의 진행 과정에 의해 삼분법(三分法)으로 진행된다. 서분(序分)은 불보살 및 신중, 영가 등을 모셔오는 봉청(奉請)의식이다. 본분(本分)은 불보살에게 금일(今日) 재에 대한 취지를 밝히는 권공 의식이며, 회향분(廻向分)은 영혼들에게 권공 후 영가, 불보살, 신중 등을 봉송(奉送)하는 의식이다.

이러한 절차는 삼단(三壇)구성으로 불보살, 신중, 영혼은 상단(上壇), 중단(中壇), 하단(下壇) 각 삼단(三壇) 등으로 나누어 진행되며 영산재 의식 구성은 아래와 같다.

1) 시련(施輦): 재를 지내기 위하여 연(輦)에다 불보살 및 천도할 영혼을 청해 모시는 절차이다. 재를 봉행함에 있어서 영접하는 절차로 재(齋) 도량(道場)에 나무대성인로왕보살(南無大成引路王菩薩)의 인도 아래 칠보(七寶)로 장엄(莊嚴)된 청개홍개(靑盖紅盖)와 보개산(寶盖傘)으로 좌우(左右)에 호위하여 가마로 모셔오는 절차이다.

2) 대령(對靈): 불전에 나아가기 앞서서 영혼(靈魂)에게 불법을 일러주는 절차이다.

3) 관욕(灌浴): 삼독(三毒)*으로 더럽혀진 업장을 불법과 진언으로 깨끗이 닦아드리는 목욕의식(沐浴儀式)이다.

*탐내고 성내고 어리석은 마음.

4) 조전점안(造錢點眼): 저승세계(명부세계)에서 사용되는 금은전(金銀錢)과 경함(經函)을 점안 및 이운하는 의식이다.

5) 신중작법(神衆作法): 상단권공 진행에 앞서서 불법(佛法) 듣기를 원하고 불보살을 옹호하는 신중을 봉청하는 절차로, 일백사위(一百四位) 신중(神衆)을 청(請)하여 예를 올리고 도량수호(道場守護)는 물론 불보살을 옹호

하여 재(齋)가 원만회향(圓滿回向)에 이르도록 발원(發願)하는 의식이다.

6) 괘불이운(掛佛移運): 야외에서 법회를 봉행하기 위해 특별히 괘불(불화)단을 설치하고 괘불을 설단(設壇)하는 절차이다.

7) 상단권공(上壇勸供): 영산재(靈山齋)의 핵심을 이루는 절차로, 야외(野外)에 마련된 괘불단(掛佛壇)을 중심으로 상단(上壇) 부처님께 권공(勸供)*을 하고 영산재에 동참한 모든 불자들에게 부처님의 말씀을 듣고 깨우침은 물론 불보살의 가피력으로 고혼(孤魂)*들은 극락왕생(極樂往生)을 염원하고, 살아 있는 사람에게는 깨침 등과 더불어 각기 서원을 발원(發願)하는 절차이다.

*공양을 올리는 의식

*영혼

8) 식당작법(食堂作法): 재(齋)에 동참한 대중(大衆)은 물론 그 외 모든 중생(衆生)에게 공양(供養)을 베푸는 절차이다. 즉 수행자(修行者)는 과연 공양물(供養物)을 받을 만한 몸인가를 생각하게 하며 공양의 참 의미를 다시금 되새긴다. 또한 지옥(地獄)중생, 아귀(餓鬼), 축생(畜生)에게도 불법(佛法)과 공양을 베푸는 의식이다.

9) 운수상단권공(雲水上壇勸供): 각배재에 해당하는 의식 절차로 상단 불보살을 청하여 권공하는 의식이다.

영산작법
Yeongsanjakbeop

10) 중단권공(中壇勸供): 명부 지장보살 및 십대왕(十代王)을 청하고 각각 권속들에게 권공하는 절차이다.

11) 신중퇴공(神衆退供): 상단 불보살전의 공양을 퇴공하여 신중전에 권공하는 의식이다.

12) 관음시식(觀音施食): 시식(施食)이란 공양을 골고루 나누어 베푼다는 의미이다. 관세음보살(觀世音菩薩)의 대비주(大悲呪)의 신통력을 의지해 지옥에서 고통받는 지옥중생의 업화(業火)*를 청량(淸凉: 마음을 말끔히 깨끗하게 한다는 의미)하게 하여 대비무장애(大悲無障碍)에 들어와서 삼독심(三毒心)을 버리고 불(佛), 법(法), 승(僧) 삼보에 귀의시키는 절차이다.

*생전에 욕심 등으로 지은 업을 불로 비유.

13) 봉송(奉送) 및 소대의식(燒臺儀式): 재(齋) 도량에 봉청(奉請)*한 모든 분을 돌려보내 드리는 절차로 상단의 불보살(佛菩薩), 중단의 신중(神衆), 하단의 고혼(孤魂) 순으로 봉송(奉送)*해 모신 후 소대(燒臺)**로 나아가 봉송하는 절차이다.

*모셔온다는 의미.

*되돌려 보낸다는 의미.
**태우기 위한 장소.

영산재 구성은 13단계 절차로 진행되며, 이러한 각 의식은 범패와 작법무로 진행된다.

2. 영산재 진행과 무용

1) 시련(侍輦)

(1) 의식 구성

시련은 모두 9가지의 절차로 진행되는데, 먼저 대중스

님들이 사찰 밖 해탈문까지 나아가 불보살 및 영혼을 봉청하는 의식 절차로 ①옹호게(擁護偈) ②헌좌게(獻座偈)/헌좌진언(獻座眞言) ③다게(茶偈) ④행보게(行步偈) ⑤산화락(散花落) ⑥인성(南無大聖引路王菩薩) ⑦기경(起經) ⑧영축게(靈鷲偈) ⑨보례삼보성(寶禮三寶聲)으로 구성된다. 이 가운데 작법무가 진행되는 의식은 ①옹호게, ③다게(茶偈), ⑦기경(起經)에서이다.

(2) 작법무 유형

옹호게, 다게, 기경에서 사용되는 작법무의 유형은 다음과 같다.

① 옹호게(擁護偈)(짓소리/대중창)

옹호게는 다음과 같은 가사를 대중스님이 동음(同音)으로 소리한다.

【奉請十方諸賢聖 梵天帝釋四天王 伽藍八部神祇衆 不捨慈悲臨法會 봉청시방제현성 범천제석사천왕 가람팔부신지중 불사자비림법회】

위의 가사는 시방세계(十方世界) 불보살(佛菩薩)의 강림과 신중(神衆)을 봉청(奉請)하는 의미로, 게송이 끝나면 태징 반주 가락에 맞추어 요잡바라무, 사방요신 나비무가 진행된다.

② 다게(茶偈)(홋소리/대중창)

다게는 다음과 같은 가사를 대중이 동음(同音)으로 소

시련 Siryeon

리한다.

【今將甘露茶　奉獻聖賢前　鑑察虔懇心　願垂哀納受　願垂哀納受　願垂慈悲哀納受 금장감로다 봉헌성현전 감찰건간심 원수애납수 원수애납수 원수자비애납수】

위의 가사를 훗소리로 대중이 동음으로 하고 이에 맞추어 나비무가 진행되며, 나비무가 끝나면 요잡바라무와 사방요신나비무가 동시에 진행된다.

③ 긔경작법(起經作法)(사물반주)

나무대성인로왕보살 · 영축게 가사를 대중이 동음(同音)으로 소리한다.

인성(引聲) 나무대성인로왕보살마하살((南無大聖引路王菩薩摩訶薩)은 봉청(奉請)한 불보살과 영가 등의 길을 인도하는 의미를 포함한 게송으로 짓소리로 진행된다. 인성 짓소리는 삼현육각이 함께 어우러져 재(齋) 도량(道場: 장소)으로 돌아와 인성(짓소리) 및 영축게 후 긔경작법(起經作法) 태징소리에 맞추어 착복을 소한 두 스님이 경(經: 부처님의 말씀)을 연다는 의미의 긔경작법 나비무를 한다. 나비무가 끝나면 요잡바라와 법고무가 이어진다. 이때 나비무, 바라무, 법고무 반주 음악은 태징 장단에 무용(舞踊)이 진행된다.

이상에서 살펴본 바와 같이 시련(侍輦)에서는 4가지의 작법무가 모두 진행되는 의식으로 바라무는 옹호게 소리 후 요잡바라, 다게작법 후 요잡바라, 긔경작법 후 요잡바라이며, 나비무는 다게작법, 긔경작법, 요잡바라시 사방요신작법이며, 법고무는 귀경작법이 끝난 후 법고무에서이다.

2) 대령(對靈)

(1) 의식 구성

대령은 부처님의 법을 의지해 영혼에게 간단히 법식(부처님 말씀)을 베푸는 의식으로 10단계로 진행되는데 ①거불(擧佛) ②대령소(對靈疏) ③지옥게(地獄偈) ④착어(着語) ⑤진령게(振鈴偈) ⑥보소청진언(普召請眞言) ⑦고혼청(孤魂請) ⑧향연청(香煙請) ⑨가영(歌泳) ⑩존물편(尊物篇)이다.

(2) 작법무 유형

작법무 진행 곡목이 없다.
대령에서는 작법무가 없음을 알 수 있다.

대령 daeryeong

3) 관욕(灌浴)

(1) 의식 구성

관욕은 33가지의 절차로 진행되는데, 의식 절차는 다음과 같다.

①인예향욕편〈상래이빙 불력 운운(上來已憑 佛力 云云)〉②대비주〈신묘장구 대다라니 운운(神妙章句 大陀羅

尼 云云)〉 ③정로진언(淨路眞言) ④입실게(入室偈) ⑤가지조욕편〈상부 정 삼업자 운운(詳夫 淨 三業者 云云)〉 ⑥관욕게(灌浴偈) ⑦목욕진언(沐浴眞言) ⑧관욕게바라(관욕쇠태징) ⑨작양지진언(嚼楊枝眞言) ⑩수구진언(漱口眞言) ⑪세수면진언(洗手面眞言) ⑫가지화의편〈제불자 관욕기주 운운(諸佛者 灌浴旣周 云云)〉 ⑬화의재진언(化衣財眞言) ⑭제불자 운운〈제불자 지주기주(諸佛者 持呪旣周 云云)〉 ⑮수의진언(授衣眞言) ⑯착의진언(着衣眞言) ⑰정의진언(整衣眞言) ⑱출욕참성편〈제불자 기주복식 운운(諸佛者 旣周服飾 云云)〉 ⑲지단진언(指壇眞言) ⑳가영(歌詠) ㉑산화락(散花落) ㉒인성〈나무대성 인로왕보살(南無大聖 引路王菩薩)〉 ㉓정중게(庭中偈) ㉔개문게(開門偈) ㉕가지예성편〈상래위 명도유정 운운(上來爲 冥道有情 云云)〉 ㉖보례삼보(普禮三寶) ㉗행봉성회 운운(幸逢聖會 云云) ㉘법성게(法性偈) ㉙괘전게(掛錢偈) ㉚수위안좌편〈제불자상래승불섭수 운운(諸佛者上來承佛攝受 云云)〉 ㉛안좌게(安座偈) ㉜수위안좌진언(受位安座眞言) ㉝다게(茶偈)이다.

이 가운데 작법무가 쓰이는 의식은 ⑧관욕게바라(관욕쇠태징), ⑬화의재진언(化衣財眞言)에서이다.

관욕 Gwan-yok

(2) 작법무 유형

관욕게 후 목욕진언, 화의재진언에서 사용되는 작법무의 유형은 다음과 같다.

①관욕게(灌浴偈) 후 목욕진언(沐浴眞言)(평염불/대중창)

【我今以此香湯水 灌浴孤魂及有情 身心洗滌令淸淨 證入眞空常樂鄕 아금이차향탕수 관욕고혼급유정 신심세척영청정 증입진공상낙향】

【沐浴眞言 唵 婆多謨 娑尼沙 阿謨佉 阿隸吽 목욕진언-옴 바다모 사니사 아모까 아례훔】

목욕진언(沐浴眞言)은 다음 가사를 대중이 동음으로 한 후 관욕쇠 태징반주에 맞추어 바라무가 진행된다.

② 화의재진언(化衣財眞言)(평염불/대중창)

화의재진언은 옷을 태워 법의(法依)로 만드는 의식으로, 법주가 화의재진언 가사를 독창(獨唱)하면 화의재언 가사와 태징반주 가락에 맞춰 화의재진언 바라무를 한다.

【裵謨 三滿多 沒多南 唵 婆左那 毘盧枳帝 娑婆訶 나무 사만다 못다남 옴 바자나 비로기제 사바하】(3번)

이상 살펴본 바에 의하면 관욕(灌浴)에서 작법무가 사용된 의식은 목욕진언 후 관욕쇠바라, 화의재진언 바라무이다.

4) 조전점안(造錢點眼)

(1) 의식구성

명부 세계에서 사용되는 금은전(金銀錢)을 점안하는

의식으로 9단계로 진행된다.

맨 먼저 금은전 등을 도량 한편에 마련하고 향탕수 등을 준비하여 ①금은전 점안(金銀錢 點眼)(천수경부터 참회진언까지) ②조전진언(造錢眞言)/성전진언(成錢眞言)/쇄향수진언(灑香水眞言)/변성금은전진언(變成金銀錢眞言)/개전진언(開錢眞言) ③금은전이운(金銀錢移運) ④산화락(散花落) ⑤삼마하(三摩訶-나무마하반야바라밀) ⑥경함이운(經函移運) ⑦산화락(散花落) ⑧거령산(擧靈山-나무 영산회상불보살) ⑨헌좌진언(獻錢眞言)으로 구성되며, 이 가운데 작법무가 진행되는 의식은 ③금은전이운시(金銀錢移運時)이다.

조전점안
Jojeonjeom-an

(2) 작법무 유형
① 옹호게(擁護偈)(반짓소리/대중창)

옹호게는 다음과 같은 가사를 모든 스님이 함께 부른다.

【八部金剛護道場 空神速赴報天王 三界諸天咸來集 如今佛刹補禎祥 팔부금강호도량 공신속부보천왕 삼계제천함래집 여금불찰보정상】

위의 가사는 금은전이운시 신중(神衆)을 봉청(奉請)하는 의미로, 게송이 끝나면 태징 반주 가락에 맞추어 요잡바라무와 사방요신나비무가 진행된다.

이상 살펴본 바에 의하면 조전점안(造錢點眼)의식에 사용되는 작법무는 금은전이운(金銀錢移運)시 옹호게 후 나비무와 바라무이다.

5) 신중작법(神衆作法)
(1) 의식 구성

신중작법은 4가지 절차로 진행되는데, ①옹호게(擁護偈) ②창불(唱佛) 일백사위(一百四位) ③다게(茶偈) ④탄백(歎白)으로 되어 있다. 이 4가지 의식 가운데 작법무가 쓰이는 의식은 ①옹호게, ④탄백에서이다.

신중작법
Sinjungjakbeop

(2) 작법무 유형

옹호게와 탄백에서 사용되는 작법무의 유형은 다음과 같다.

① 옹호게(擁護偈)(반짓소리/대중창)

옹호게는 다음과 같은 가사를 대중 스님들이 함께 부른다.

【八部金剛護道場 空神速赴報天王 三界諸天咸來集 如今佛刹補禎祥 팔부금강호도량 공신속부보천왕 삼계제천함래집 여금불찰보정상】

영산재 진행과 불교무용 149

위의 가사는 불보살(佛菩薩) 및 신중(神衆)을 봉청(奉請)하는 의미로, 게송이 끝나면 요잡바라무와 사방요신이 진행된다.

② 탄백(歎白)(평염불/대중창)

【帝釋天王慧鑑明 四洲人事一念知 哀愍衆生如赤子 是故我今恭敬禮 제석천왕혜감명 사주인사일념지 애민중생여적자 시고아금공경례】

위의 가사는 신중에 대한 찬탄 게송으로, 탄백 게송이 끝나면 탄백 후 상주권공재나 각배재는 요잡바라무를 하지만 영산재, 수륙재, 생전예수재의 경우 태징 반주 가락에 맞추어 명바라무가 진행된다.

이상 살펴본 바에 의하면 신중작법(神衆作法)에 사용되는 작법무는 옹호게(擁護偈) 후 바라무와 탄백 후 명바라무이다.

6) 괘불이운(掛佛移運)
(1) 의식 구성

괘불이운은 모두 15가지의 절차로 진행된다. ①옹호게(擁護偈) ②찬불게(讚佛偈) ③출산게(出山偈) ④염화게(拈花偈) ⑤산화락(散花落) ⑥거령산(擧靈山) ⑦등상게(登床偈) ⑧사무량게(四無量偈) ⑨영산지심-지심귀명례 영산회상 염화시중 시아본사 석가모니불(志心歸命禮靈山會上拈花示衆是我本師釋迦牟尼佛) ⑩유원자비 수아정례(唯願慈悲受我頂禮) ⑪헌좌게(獻座偈) ⑫헌좌진언(獻座眞言) ⑬다게(茶偈) ⑭건회소(建會疏) ⑮보공양진언(普供養眞言)이다. 이 15가지 의식 가운데 작법무 곡목은 ①옹호게, ⑬다게(茶偈)에서 이루어진다.

괘불이운 *Gwaebul-iun*

(2) 작법무 유형

옹호게, 다게에서 사용되는 작법무 유형은 다음과 같다.

① 옹호게(擁護偈)(반짓소리/대중창)

옹호게는 다음과 같은 가사를 대중 스님이 함께 부른다.

【八部金剛護道場 空神速赴報天王 三界諸天咸來集 如今佛刹補禎祥 팔부금강호도량 공신속부보천왕 삼계제천함래집 여금불찰보정상】

위의 가사는 신중(神衆)을 봉청(奉請)하는 의미로, 게송이 끝나면 요잡바라무와 사방요신이 진행된다.

② 다게(茶偈)(훗소리/대중창)

다게는 대중창으로 부른다.

【今將妙藥及茗茶 奉獻靈山大法會 俯鑑檀那虔懇心 願垂慈悲哀納受 금장묘약급명다 봉헌영산대법회 부감단나건간심

원수자비애납수】

위의 가사를 홋소리로 대중이 동음으로 하며 이에 맞추어 나비무가 진행된다.

이상 괘불이운 의식에서 살펴본 바에 의하면 작법무는 옹호게(擁護偈) 후 요잡바라무이며, 나비무는 다게작법, 요잡바라시 사방요신작법이다.

7) 상단권공(上壇勸供)
(1) 의식 구성

상단권공은 불보살전에 권공하는 의식으로 영산재의 본 의식에 해당되며 72가지의 절차로 진행되는데, 의식 절차는 1.할향(喝香) 2.연향게(燃香偈) 3.할등(喝燈) 4.연등게(燃燈偈) 5.할화(喝花) 6.서찬게(舒讚偈) 7.불찬(佛讚) 8.대직찬(大直讚) 9.지심이/삼귀두겁(三歸頭匣-지심신례불타야양족존 志心信禮佛陀耶兩足尊) 10.삼귀의(三歸依) 11.중직찬(中直讚) 12.지심이/지심신례달마야이욕존(志心信禮佛陀耶兩足尊) 13.보장취(寶藏聚) 14.소직찬(小直讚) 15.지심이/지심신례불타야양족존(志心信禮佛陀耶兩足尊) 16.오덕사(五德師) 17.개계소(開啓疏) 18.합장게(合掌偈) 19.고향게(告香偈) 20.영산개계(靈山開啓) 21.관음찬(觀音讚) 22.관음청(觀音請) 23.향화청(香花請/散花落/내림게바라) 24.가영(歌詠) 25.걸수게(乞水偈) 26.쇄수게(灑水偈) 27.복청게(伏請偈) 28.천수바라(千手

바라) 29.사방찬(四方讚) 30.도량게(道場偈) 31.참회게성(懺悔偈聲) 32.대회소(大會疏) 33.육거불(六擧佛) 34.삼보소(三寶疏) 35.대청불(大請佛) 36.삼례청(三禮請) 37.사부청(四府請) 38.단청불(單請佛) 39.헌좌게(獻座偈)/헌좌진언(獻座眞言) 40.다게(茶偈) 41.일체공경(一切恭敬) 42.향화게(香花偈)(법문을 모실 경우 정대게부터 귀명게까지 한다) 43.정대게(頂戴偈) 44.개경게(開經偈) 45.개법장진언(삼남태) 46.십념청정법신 운운(十念淸淨法身 云云) 47.거량(擧揚)/수위안좌진언(受位安坐眞言) 48.청법게(請法偈) 49.설법게(說法偈)〈법문〉 50.보궐진언(補闕眞言) 51.수경게(收經偈) 52.사무량게(四無量偈) 53.귀명게(歸命偈) 54.창혼(唱魂) 55.지심귀명례/구원겁중(久遠劫中) 56.욕건이(欲建而)/정법계진언(淨法界眞言) 57.향수나렬(香水羅列) 58.사다라니(四陀羅尼) 59.운심게(運心偈)작법 60.상래가지(上來加持) 61.육법공양(六法供養) 62.배헌해탈향(拜獻解脫香) 63.배헌반야등(拜獻般若燈) 64.배헌만행화(拜獻萬行花) 65.배헌보리과(拜獻菩提果) 66.배헌감로다(拜獻甘露茶) 67.배헌선열미(拜獻禪悅味)/대각석가존(大覺釋迦尊) 68.각집게(各執偈) 69.가지게(加持偈) 70.탄백(歎白) 71.회심곡(回心曲) 72.축원화청(祝願和淸)으로 구성된다.

이 72가지 의식 가운데 작법무가 쓰이는 의식은 10.삼귀의(三歸依) 23.향화청(香花請/散花落/내림게바라) 28.천수바라(千手바라) 30.도량게(道場偈) 및 법고무 40.다게(茶偈) 42.향화게(香花偈) 45.개법장진언(삼남태) 54.창

혼(唱魂) 55.지심귀명례/구원겁중(久遠劫中) 56.욕건이(欲建而)/정법계진언(淨法界眞言) 58.사다라니(四陀羅尼) 59.운심게(運心偈)작법 67.대각석가존(大覺釋迦尊)이다.

상단권공-짓소리

(2) 작법무 유형

삼귀의(三歸依), 향화청(香花請/散花落/내림게바라), 천수바라(千手바라), 도량게(道場偈), 다게(茶偈), 향화게(香花偈), 개법장진언(三南太), 창혼(唱魂), 지심귀명례/구원겁중(久遠劫中), 욕건이(欲建而)/정법계진언(淨法界眞言), 사다라니(四陀羅尼), 운심게작법(運心偈), 대각석가존(大覺釋迦尊)에서 작법무 유형은 다음과 같다.

① 삼귀의(三歸依)(홋소리/대중창)

【三覺圓 萬德具 天人阿 調御師 阿阿吘 凡聖 大慈父 從眞界 等應持 悲化報 竪窮阿 三際時 橫偏十方處 震法雷 鳴法鼓 廣敷阿 權實敎 阿阿吘 大開方便路 若歸依 能消滅地獄苦 삼각원 만덕구 천인아 조어사 아아훔 범성 대자부 종진계 등응지 비화보 수궁아 삼제시 횡변시방처 진법뇌 명법고 광부아 권실교 아아훔 대개방편로 약귀의 능소멸지옥고】

위의 가사는 불(佛)에 대한 찬탄 게송으로 홋소리에 맞추어 나비무가 진행된다.

② 향화청〈향화청/산화락/내림게바라〉(평염불/대중창)

【散花落(香花請)-願降道場受此供養 산화락(향화청)-원강도량수차공양】

여기에서 성현(聖賢)에 대한 예의와 꽃공양 의미의 내림게 바라무가 진행된다.

③ 천수바라(千手바라)(홋소리/대중창)

천수(千手)바라(신묘장구 대다라니 云云)

관음보살의 비밀스런 대다라니를 홋소리로 대중이 동음하며 이에 맞추어 바라무가 이어진다.

④ 도량게(道場偈)(홋소리/대중창)

【道場淸淨(嚴靜)無瑕穢 三寶天龍降此地 我今持誦妙眞言 願賜慈悲密加護 도량청정(엄정)무하예 삼보천룡강차지 아금지송묘진언 원사자비밀가호】

불법 도량을 청정하게 하는 게송으로 나비무가 진행되며 나비무가 끝나면 요잡바라무와 사방요신작법, 법고무가 진행된다.

⑤ 다게(茶偈)(홋소리/대중창)

【我今持此一椀茶 奉獻靈山大法會 俯鑑檀那虔懇心 願垂哀納受 願垂哀納受 願垂慈悲哀納受 아금지차일완다 봉헌영산대법회 부감단나건감심 원수애납수 원수애납수 원수자비애납수】

시방 성현(十方 聖賢)과 삼보전에 차를 올리는 게송으로 나비무가 진행된다.

⑥ 향화게(香花偈)〔처음-홋소리(독창), 후렴-홋소리(대

중창)〕

【願此香花遍法界 以爲微妙光明臺 諸天音樂 天寶香 諸天肴饍天寶衣 不可思議妙法塵 一一塵出 一切佛 一一塵出 一切法 旋轉無碍 好莊嚴 遍至一切佛土中 十方法界三寶前 皆有我身 修供養 一一皆悉遍法界 彼彼無雜無障碍 盡未來際作佛事 普熏一切諸衆生 蒙熏皆發菩提心 同入無生證佛智 供養已 歸命禮三寶 원차향화변법계 이위미묘광명대 제천음악 천보향 제천효선천보의 불가사의묘법진 일일진출 일체불 일일진출 일체법 선전무애 호장엄 변지일체불토중 시방법계삼보전 개유아신수공양 일일개실변법계 피피무잡무장애 진미래제작불사 보훈일체제중생 몽훈개발보리심 동입무생증불지 공양이 귀명례삼보】

향, 꽃, 불법 찬탄 및 삼귀의에 대한 게송으로 나비무가 진행된다.

⑦ 개법장진언〔삼남태(三南太)〕〔처음-짓소리(대중창), 후렴-홋소리(대중창)〕

"옴 아라남 아라다" (3번)

법(法)을 여는 진언(眞言), 즉 개법장진언을 삼남태라 하기도 하는데 "옴 아라남 아라다" "옴 아라남"을 짓소리로 하고, 그리고 끝머리 "아라다" "옴 아라남 아라다"는 홋소리로 나비무가 진행된다.

⑧ 창혼(唱魂) 후 지옥고작법(地獄苦作法)〔창혼-홋소리(독창), 지옥고작법-홋소리(대중창)〕

【願我 今日齋者 某人伏爲 所薦亡 某人靈駕 當靈伏爲 上逝先亡 師尊父母 列位 靈駕 往生西方安樂刹 地獄苦 餓鬼苦 餓

鬼苦 放生苦 地獄 餓鬼苦 放生苦 地獄苦 餓鬼苦 餓鬼苦 放生苦 원아 금일재자 모인복위 소천망 모인영가 당령복위 상서선망 사존부모 열위 영가 왕생서방안락찰 지옥고 아귀고 아귀고 방생고 지옥 아귀고 방생고 지옥고 아귀고 아귀고 방생고】

재(齋)에 동참한 사람들에 대한 축원 및 영혼에 대한 왕생 발원 게송으로 지옥고(地獄苦) 나비무가 진행된다.

⑨ 구원겁중(久遠劫中)(홋소리/대중창)

【至心歸命禮 久遠劫中 成 等正覺 常住靈山 說 法華經 我本師 釋迦牟尼佛 지심귀명례 구원겁중 성 등정각 상주영산 설법화경 아본사 석가모니불】

오래 전 법화경을 설하신 부처님께 예경 및 찬탄 게송으로 '지심귀명례(志心歸命禮)' 짓소리가 끝나면 나머지 게송은 나비무가 진행된다.

⑩ 욕건이〔欲建而/정법계진언(淨法界眞言) 후 옴남(唵喃)〕〔욕건이-홋소리(독창), 옴남-홋소리(대중창)〕

【欲建曼拏野 先誦 淨法界眞言 唵喃 욕건만나라 선송 정법계진언 옴남】

법계(法界)에 대한 찬탄 게송으로, 욕건이는 홋소리로 '욕건만나야 선송 정법계진언'을 독창한 후 '옴 남'은 홋소리를 하며 소리에 맞추어 나비무를 한다.

⑪ 사다라니(四陀羅尼)(홋소리/대중창)

【南無十方佛法僧 나무시방불법승】(3번)

【無量威德 自在光明 變食眞言 무량위덕 자재광명 변식진언】나막살바다타아다 바로기제 옴 삼바라 삼바라훔 (3번)

【施 甘露水眞言 시 감로수진언】나무 소로바야 다타아다야 다냐타 옴 소로소로 바라소로 바라소로 사바하 (3번)
【一字水輪觀眞言 일자수륜관진언】옴 밤 밤 밤밤 (3번)
【乳海眞言 유해진언】나무 사만다 못다남 오옴 바예염 (3번)
아귀 중생에 대한 법식 공양 게송으로 바라무가 진행된다.

⑫ 운심게작법(運心偈作法)(홋소리/대중창)
【運心供養眞言 願此香供遍法界 普供無盡三寶海 慈悲受供 增善根 令法住世報佛恩 운심공양진언 원차향공변법계 보공무진삼보해 자비수공증선근 영법주세보불은】

재(齋)의 회향(回向)에 앞서서 불법 찬탄 및 공양에 대한 게송으로 나비무가 진행된다.

이상 상단권공에서 작법무로 바라무는 향화청(산화락 후/내림게바라), 천수바라, 사다라니바라이고, 나비무는 삼귀의, 도량게, 다게, 향화게, 개법장진언(삼남태), 창혼 후 지옥고, 구원겁중, 욕건이/정법계진언 후 옴남, 운심게 에서이며, 법고무는 도량게가 끝난 후 법고무에서이다.

8) 식당작법(食堂作法)
(1) 의식 구성
식당작법은 크게 7가지 절차로 진행되는데 다음과 같다.
①운판삼하호/당종 18추/목어당상초삼통/목어당상후

오통

②오관게(五觀偈) 후 법고무

③하발금15추/조판 우관/정수정건/약부상좌 운운/반야바라밀다심경/전발게/반야심경/아제아제바라아제바라승아제모지사바하/처무상도/십념청청 운운/마하반야바라밀/약반식시 운운/약견공발 운운/불삼신진언/법삼장진언/승삼승진언/계장진언/정결도진언/혜철수진언

④식영산(食靈山)

⑤약견만발 운운/차시제중생 운운/오관게/정식게/삼시게/삼덕육미 운운/공양소합소/공백대중 운운/절수게/반식이흘 운운/처처간여호공 운운/축원/사가부좌 운운/해탈주/ 퇴좌출당당원중생/영출삼계

⑥자귀의불(自歸依佛)

⑦회향게(回向偈)

이 7가지 가운데 작법무가 쓰이는 곡은 ②오관게 후 법

식당작법
Sikdangjakbeop

고무와 공양게송시 타주무, ⑥자귀의불에서이다.

(2) 작법무 유형

법고무, 타주무, 자귀의불(自歸依佛) 유형은 다음과 같다.

① 법고무(法鼓舞)

오관게 짓소리 후 법고무가 진행된다.

② 타주무(打主舞)

정수정건/반야바라밀다심경/아제아제바라아제바라승아제모지사바하/처무상도념/마하반야바라밀/약반식시운운/삼덕육미 시불위승 법계인천 보동공양/공양/아차세발수 여천감로미 여아귀중 개령득포만 옴 마휴라세 사바하/처처간여호공 여련화 불착수 심청정 초어피게 수례무상존/축원/영출삼계/

위의 가사는 공양절차시 불리는 게송으로 위의 게송 시작 및 끝날 때 타주무가 이어진다.

③ 자귀의불작법(自歸依佛作法)(훗소리/대중창)

【自歸依佛 當願衆生 體解大道 發無上意 自歸依法 當願衆生 深入經藏 智慧如海 自歸依僧 當願衆生 統理大衆 一切無碍 자귀의불 당원중생 체해대도 발무상의 자귀의법 당원중생 심입경장 지혜여해 자귀의승 당원중생 통리대중 일체무애】

위의 가사는 공양 후 불법 귀의에 대한 게송으로, 나비무가 이어진다.

운수상단권공
Unsusangdan-gwon-gong

신중퇴공
Sinjungtoegong

이상에서 살펴본 바와 같이 식당작법(食堂作法)에서 작법무는 공양게송시 법고무, 타주무, 나비무 자귀의불이다.

9) 운수상단권공(소청상위)

각배재의 형식과 동일하게 진행된다. (각배재 무용구성 참조)

10) 중단권공(소청중위)

각배재의 형식과 동일하게 진행된다.(각배재 무용구성 참조)

11) 신중퇴공(神衆退供)

상단권공을 모두 마치고 중단 신중전에 공양 올리는 권공 의식이다.

(1) 의식 구성

신중퇴공은 10단계로 ①다게 ②거목 ③상래가지 운운 ④보공양진언 ⑤보회향진언 ⑥원성취진언 ⑦보궐진언 ⑧정근 ⑨탄백 ⑩축원이다.

(2) 작법무 유형

작법무 진행 곡목이 없다.
신중퇴공에서는 작법무가 없음을 알 수 있다.

관음시식
Gwan-eumsisik

12) 관음시식 (觀音施食)

상단 불보살과 중단 명부시왕 및 신중께 권공을 마치고 마지막으로 영혼에게 공양을 베푸는 의식이다.

(1) 의식 구성

관음시식은 ①거불(擧佛) ②착어〈靈源湛寂 云云〉 ③진령게(振鈴偈) ④착어〈慈光照處 云云〉후/신묘장구대다라니/第一偈/파지옥진언/해원결진언/보소청진언/나무상주시방불·법·승·나무대자대비관세음보살 나무대방광불화엄경 ⑤증명청(삼청) ⑥향화청(香花請) ⑦가영(歌詠) ⑧헌좌진언(獻座眞言) ⑨다게(茶偈) ⑩고혼청(孤魂請) ⑪향연청(香煙請) ⑫가영(歌詠) ⑬착어〈上來承佛 攝受 云云〉 ⑭수위안좌진언(受位安座眞言) ⑮다게(茶偈) ⑯선밀가지 운운/변식진언·시감로수진언·일자수륜관진언·유해진언/칭량성호(오여래)/원차가지 운운/시귀식진언/보공양진언/보회향진언/수아차법식 운운/여래십호 운운/원아진생 운운/장엄염불 ⑰공덕게(功德偈)이다.

(2) 작법무 유형

작법무 진행 곡목이 없다.
관음시식에서는 작법무가 없음을 알 수 있다.

13) 봉송(奉送) 및 소대의식(燒臺儀式)

영산재의 모든 의식을 마치며 영산재를 지내기 위해 청해 모신 불보살, 명왕, 신중, 영혼 등을 모두 돌려보내 드

봉송 Bongsong

리는 의식이다.

(1) 의식 구성

봉송 및 소대의식 진행은 ①봉송편-제불자 긔수향공 운운(諸佛者 旣受香供 云云)/보례삼보(寶禮三寶)/행보게(行步偈)/산화락(散花落)/법성게(法性偈) ②소대편-금차문외 봉송제자운운(今此門外 奉送齋者 云云) 축원(祝願)/상래시식풍경 운운(上來施食諷經 云云)/소전진언(燒錢眞言)/봉송진언(奉送眞言)/상품상생진언(上品上生眞言)/처세간여허공 운운(處世間如虛空 云云)/보회향진언(普回向眞言)/산화게(散散偈)/회향거불(回向擧佛)이다.

(2) 작법무 유형

작법무 진행 곡목이 없다.

164 불교무용

봉송(奉送) 및 소대의식(燒臺儀式)에서는 작법무가 없음을 알 수 있다.

3. 영산재 무용 분석

영산재는 범패, 작법무, 반주 음악, 장엄 등으로 구성되며, 의식승은 병법(秉法), 어산(魚山), 범음(梵音), 범패승 등 20인으로 구성되어 재(齋)가 진행된다. 이 가운데 작법무는 범패를 전문적으로 배운 의식승에 의해 이루어지며, 3일 영산재 진행에 있어서 작법무는 범패 및 반주 음악과 더불어 재 진행 구성에서 많은 비중을 차지한다.

영산재에 있어서 작법무는 의식(儀式)을 보다 장엄하게 하는 한편 무용을 통해 신앙심을 고취시키는 역할을 한다. 다른 전통 무용과는 달리 의식무(儀式舞)는 불법을 찬탄하는 공양 의식이다. 즉 깨달음을 위한 수행 형태의 무용(舞踊)의식으로 불법의 진리를 깨달아 삼업(三業)을 여의고 깨달음을 증득하는 것이므로, 작법무는 무용적 차원을 넘어 신앙심(信仰心)이 선행(先行)되어야 한다.

이에 불교의식 영산재 구성과 작법무 진행 과정에서 각배재 운수상단, 중단권공(각배재 무용구성 참조)을 제외한 구성 절차에서 다음과 같은 사실을 알 수 있었다.

① 영산재의 구성은 13단계의 절차로 진행되며, 이 가운데 작법무가 사용되는 의식은 시련, 관욕, 신중작법, 조전점안, 괘불이운, 상단권공, 식당작법, 운수상단, 중단권

공(각배재 무용구성 참조)에서이며, 그 외 대령, 신중퇴공, 시식, 봉송의식에서는 작법무가 사용되지 않는다.

② 영산재 의식 진행에서 작법무는 4종으로, 바라무, 나비무, 법고무, 타주무의 구성으로 진행된다.

③ 바라무는 시련시(옹호게 후 요잡바라, 긔경작법 후 요잡바라), 관욕시(관욕게바라, 화의재진언바라), 신중작법시(옹호게 후 요잡바라 및 명바라), 조전점안시(경함이운 옹호게 후 요잡바라), 괘불이운시(옹호게 후 요잡바라), 상단권공시(향화청/산화락후 내림게바라, 천수바라, 사다라니바라), 식당작법시(자귀의불작법 후 요잡바라)이며 모든 나비무가 끝나면 반드시 요잡바라무가 진행된다.

④ 나비무는 시련시(사방요신작법, 다게작법, 긔경작법), 괘불이운시(다게작법), 상단권공시(삼귀의작법, 도량게작법, 다게작법, 향화게작법, 삼남태작법, 창혼작법, 지옥고작법, 구원겁중작법, 욕건이/정법계진언 후 옴남작법, 운심게작법), 식당작법시(자귀의불작법)이다.

⑤ 법고무는 시련시(긔경작법 후 법고무), 상단권공시(도량게 작법 후 법고무), 식당작법시(오관게 후 법고무)이다.

⑥ 타주무는 식당작법시 공양 게송 사이에서 타주무가 진행된다.

⑦ 이 중 1일 영산재 진행시 그 곡목을 무용으로 하지 않고 짧은 게송으로 줄여서 진행하며 이러한 작법무로 바라무는 신중작법시(명바라)이며, 나비무는 시련시(긔경

작법)와 상단권공시(삼남태작법, 구원겁중작법, 운심게작법)이고, 그 외(삼귀의작법, 향화게작법)는 작법무 진행 시 가사를 줄여서 진행하며, 타주무는 식당작법 절차에서만 진행되고 법고무는 별 차이가 없다.

현재 영산재는 3일 영산재 형식에서 1일 영산재로 진행되고 있다. 재(齋)의 구성면에 있어서 3일 영산재와 1일 영산재는 차이가 없지만, 재 의식 진행에 있어서 범패와 작법무가 축소되어 진행된다.

8 불교와 선무용(禪舞踊)

1. 선무용의 의미

선(禪)이란 산스크리트어의 'dhyana(드햐나)'를 음역한 것으로, 마음을 통일하여 잡념을 일으키지 않는 것이며, 수행을 통해 진정한 자신의 참모습에 돌아가는 것이다.

선(禪)은 깨달음이라고도 하고, 본성(本性)을 본다고 하여 견성(見性)이라고 한다. 즉 부처님이 가섭에게 연꽃 한 송이를 들어 보이시며 자신의 심오한 깨우침을 이심전심(以心傳心)으로 일러주었듯, 선(禪)은 구제자와 피구제자가 있을 수 없다. 또한 믿는 자와 믿지 않는 자에 대한 신앙이나 귀의를 강조하는 사상이 아니다. 궁극적인 선(禪)은 수행을 통한 깨달음, 진정으로 깨우친 자, 불타(佛陀)와 동등한 입장에 서게 되는 것이다. 또 선의 궁극적인 화두는 진실한 자아추구에 있으므로 어떠한 격식, 형식, 표현을 중요시하지 않는다.

선이란 마음을 하나의 대상에 전주(專注)해서 자세히 사유(思惟)하는 것을 말하고 정(定)과 혜(慧)가 균등(均等)한 것을 말하는 것으로, 이러한 마음으로 하나의 화두, 몸동작, 손동작을 통해 문자나 언어를 초월하여 깨닫는 것을 일러 심인(心印)이라 한다. 이러한 몸짓들은 각종 불화(佛畵)나 벽화의 무용 그림을 통해 불보살의 수인(手印)에서 찾아볼 수 있다.

*손모양

김향금 선무-시무외인

김향금 선무-반배호상서합장

김향금 선무-전법륜인

김향금 선무-대일여래 법계정인

선무(禪舞)란 불보살의 깨달음을 표방한 수행무(修行舞)를 일컫는다. 선무용(禪舞踊)의 기본적 춤사위는 밀교의 기본적 수인(手印)을 바탕으로 안무되기도 하고, 혹은 기본 틀을 벗어나 창작되기도 한다.

음악이 음성공양을 통해 일체중생에게 깨달음으로 향할 수 있도록 한다면, 선무는 무언(無言)의 동작을 통해 메시지를 전달한다. 즉 불보살의 참다운 가르침을 표현한 무용의 한 형태라 할 수 있다.

2. 불화 및 벽화에서 보이는 불보살의 수인(手印)

돈황벽화에 그려진 무용과 수인

수인은 밀교에서 손동작을 통해 악(惡)을 막고 선(善)을 지킨다는 뜻으로 결인(結印)이라고도 한다. 이러한 수인은 불교발생지인 인도에서 전승되었는데, 티벳 및 중국 돈황석굴이나 한국 불화에서 불보살, 명왕 등이 깨우침의 내용을 기물(器物)이나 손가락으로 나타낸 것을 많이 볼 수 있고, 또는 수행자가 그것을 그리거나 또는 손으로 맺음을 찾아볼 수 있다. 수인은 무상인(無相印)과 유상인(有相印)으로 나눌 수 있는데, 유상인은 색채(色彩), 형상(形狀), 양상 등으로 나타내는 것이고, 무상인은 인(印)의 참뜻을 체득하면 특별한 모습으로 나타내지 않아도 손, 발, 몸 등 일체(一體)의 모든 것이 인(印)으로 나타나는 것을 말한다. 이 외 불·보살, 명왕이 손에 칼이나 지팡이 등 지물(持物)로 나타내는 것을 계인(契印), 수인(手印)이라 한다.

  수행자가 수인(手印)을 맺음으로서 불보살의 깨달은 힘을 몸으로 받아들여 일체(一體)가 된다. 중국 돈황석굴이나 한국불화 및 조각에서 불보살, 명왕의 깨달음을 상징화한 각종 수인의 형태는 다음과 같다.

불화 및 벽화에서 보이는 불·보살의 수인

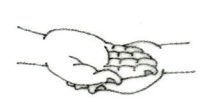
반배호상서합장(反背互相緖合掌)

시무외인(施無畏印)

전법륜인(轉法輪印)

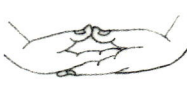
대일불법계정인
(大日佛法界定印)

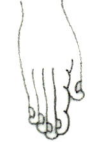
대일불지권인
(大日佛智拳印)

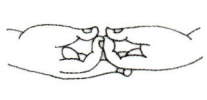
약사불근본인
(藥師佛根本印)

석가모니불길상인
(釋迦牟尼佛智吉祥印)

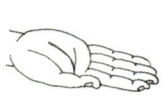
보생여래갈마인
(寶生如來羯磨印)

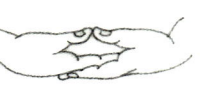
약사여래법계정인
(藥師如來法界定印)

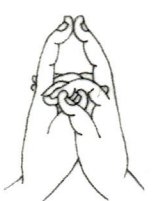
아미타불근본인(阿彌陀佛根本印)

선정인(禪定印)

외박권(外縛拳)

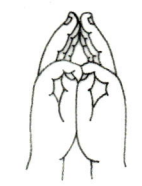
미륵보살수인(彌勒菩薩手印)

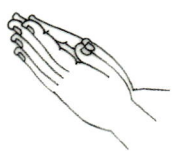
보현보살수인(普賢菩薩手印)

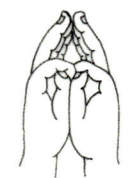
지장보살근본인(地藏菩薩根本印)

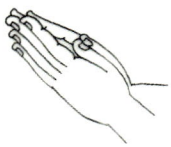
천수관음팔엽인(千手觀音八葉印)

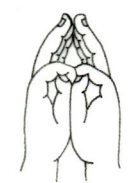
대세지보살수인(大勢至菩薩手印)

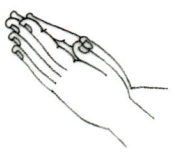
문수보살수인(文殊菩薩手印)

아미타불구품인(阿彌陀佛九品印)

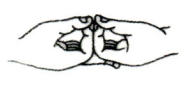
상품상생(上品上生)

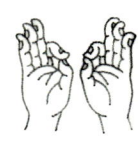
상품중생(上品中生)

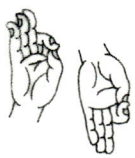
상품하생(上品下生)

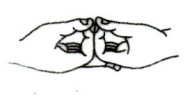
중품상생(中品上生)

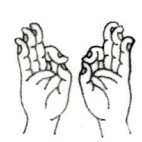
중품중생(中品中生)

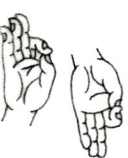
중품하생(中品下生)

하품상생(下品上生)

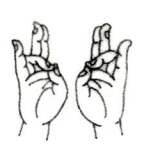
하품중생(中品中生)

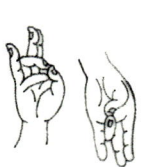
하품하생(下品下生)

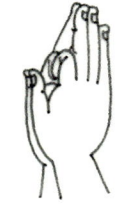 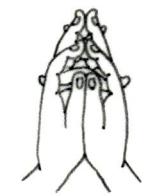

마두관음인(馬頭觀音印)　　　　　여의륜수심인(如意輪隨心印)

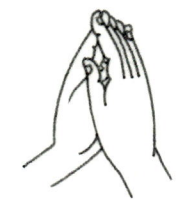 

십일면관음근본인(十一面觀音根本印)　　여의륜관음근본(如意輪觀音根本印)

 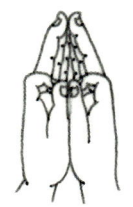

여의륜심중심인(如意輪心中心印)　　여의륜탑인(如意輪塔印)

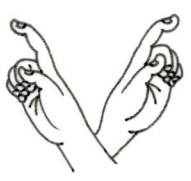
지국천왕인(地國王天印)

광목천왕인(廣目天王印)

증장천왕인(增長天王印)

비사문왕인(毘沙門王印)

지천인(地天印)

비사문인(毘沙門印)

금강염인(金剛炎印)　　　　연화부소청인(蓮華部召請印)

 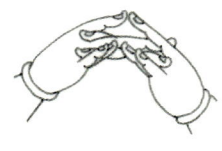

청차로인(請車輅印)　　　　금강강인(金剛綱印)

 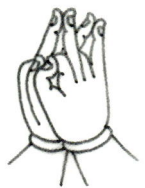

대허공장인(大虛空藏印)　　마두명왕인(馬頭明王印)

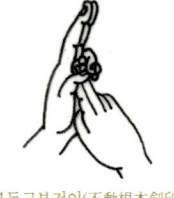
부동근본검인(不動根本劍印)

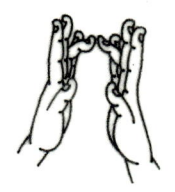
부동근본갑인(不動根本甲印)

부동근본심인(不動根本心印)

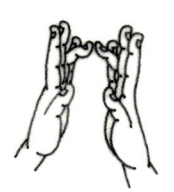
부동근본구인(不動根本口印)

부동근본삼고금강인(不動根本三古金剛印)

부동근본두인(不動根本頭印)

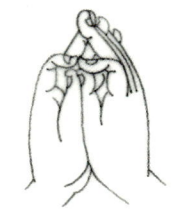
불안근본대인(佛眼根本大印)

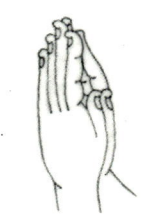
불안불모연화합장(佛眼佛母蓮華合掌)

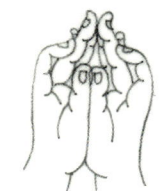
불안근본대인(佛眼根本大印)

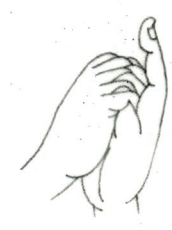
불정존승인(佛頂尊勝印)

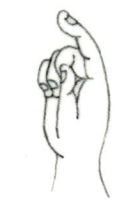
불정존승수인(佛頂尊勝手印)

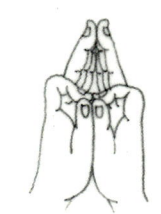
불정존승졸도파인(佛頂尊勝牢都婆印)

 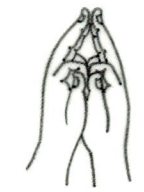

    제석천수인(帝釋天手印)   염마천단다인(焰摩天壇茶印)

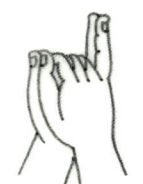 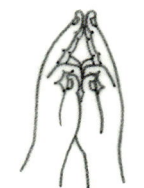

    대범천왕인(大梵天王印)   대금강륜인(大金剛輪印)

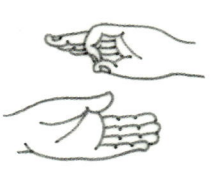 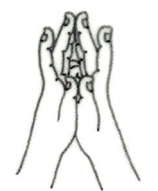

    묘음천인(妙音天印)   비사문천인(毗沙門天印)

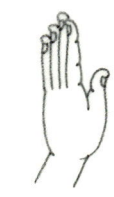
보현보살외고인(普賢菩薩外鈷印)

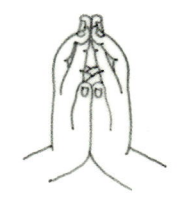
미륵보살수인(彌勒菩薩手印)

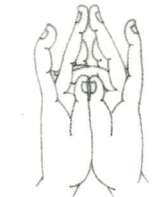
보현연명보살(普賢延命菩薩手印)

보현보살근본인(普賢菩薩根本印)

육자문수인(六字文殊引)

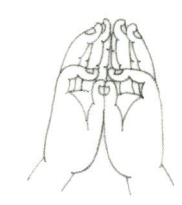
팔자문수인(八字文殊印)

진언(眞言)

목욕진언(沐浴眞言)

작양지진언(嚼楊枝眞言)

수구진언(漱口眞言)

세수면진언(洗手面眞言)

화의재진언(化衣財眞言)

수의진언(授衣眞言)

착의진언(着衣眞言)

정의진언(整衣眞言)

지단진언(指壇眞言)

합장(合掌)

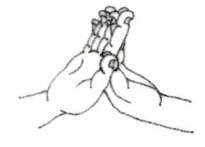
반차합장(反叉合掌)

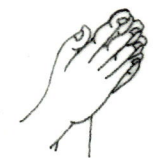
귀명 합장(歸命合掌)

주지합장(拄指合掌)

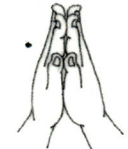
견보합장(堅寶合掌)

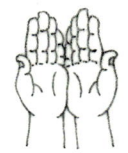
현로합장(顯露合掌)

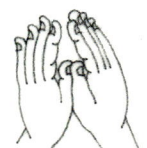
복수합장(復手合掌)

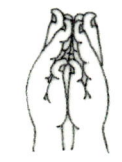
초할연합장(初割蓮合掌)

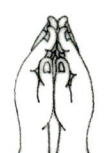
미수합장(未合掌)

지수합장(持水合掌)

복수향하합장(復手向下合掌)

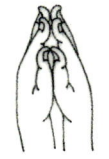
허심합장(虛心合掌)

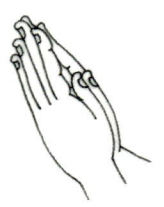
미륵보살연화합장(彌勒菩薩蓮華合掌)

불교와 선무용 183

9 무용반주음악

1. 반주음악

1) 천수(千手)바래(훗소리) 태징

○○○○○ 나모라 다나 다라 야야 나막 알약 바로
　　　　　　○　　○○　○○　○○　○○　○○

기제 새바라야 ○○○○ 모지 사다 바야 마하 사다
○○　○○●●　　　　　○○　○○　○○　○○　○○

바야 마하가로 니가야 옴 살바 바예수 다라나 가라야
○○　●●●●　○○　○　○○　●●●　○○　○○

다사명 나막 가리 다바 이맘 알야 바로기제 새바라
　○○　○○　○　○○　○○　○　●●●●　○○

다바 니라 간타 나막 하리나야 마발다 이사미 살바타
○　○○　○○　●●●　○○　○○　○○　○○

사다남수반
●●●●●

아예염살바 보다남 바바 말아 미수다감 다냐타오옴
●●●●●　○○　○　○○　●●●●　●●●●●

아로계 아로가 마지 로가 지가 란제 혜혜 하례
○○　○○　○　○○　○○　○○　○○　○○

마하모지 사다바 삼마라 삼마라 하리 나야 구로
●●●●　○○　○　○　○○　○○　○○

구로갈바 사다야 사다야 도로 도로 미연제마하 미연제
●●●●　○○　○○　○　○　●●●●　○○

다라 다라 다린나례 새바라 자라 자라마라 미마라
○　○○　●●●　○○　○　●●●　○○

아마라몰제 예헤헤로계 새바라라아 미사미 나사야 나베
●●●● ●●●● ○○ ○○ ○

사미사미 나사야 모하 자라 미사미 나사야 호로 호로
●●●● ○○ ○○ ○○ ○ ○

마라 호로하례 바나마 나바 사라 사라 시리 시리
○○ ●●●● ○○ ○○ ○○ ○○

소로 소로 못쟈못쟈 모다야 모다야 매다 리야 니라간타
○○ ○○ ●●●● ○○ ○○ ○○ ●●●●

가마사 날사남 바라 하리 나야마낙 사바하 싣다야
○○ ○○ ○○ ○○ ○○ ○○ ○○

사바하마하 싣다야 사바하 싣다 유예 새바라야
●●●● ○○ ○○ ○ ○○ ●●●●

사바하니라 간타야 사바하 바아라 목카 싱하
●●●● ○○ ○○ ○ ○ ○

목카야 사바하 바나마 하따야 사바하 자가라 욕따야
○○ ○○ ○○ ○○ ○○ ○○ ○○

사바하상카 섭나네 모다 나야 사바하 마하라구타 다라야
●●●● ○○ ○○ ○ ●●●● ○○

사바하바마 사간타이사 시체다 가릿나 이나야 사바하
●●●● ●●●● ○○ ○○ ○○ ○○

먀가라 살마이바 사나야 사바하 나모라 다나 다라 야야
○○ ●●●● ○○ ○○ ○○ ○○ ○○

나막 알야 바로 기제 새바라야 사바하 ㅇ-ㅇ-ㅇ ㅇㅇㅇ
○○ ○○ ○○○○ ●●●● ○○

2) 사다라니바래(훗소리) 태징

南 無 十 方 佛　　法　　僧(나 무 시 방 불　법　　승)
○　○　○　○　　○

南 無 十 方 佛　　法　　僧(나 무 시 방 불　법　　승)
○　○　○　○　　○

南 無 十 方 佛　　法　　僧(나 무 시 방 불　법　　승)
○　　○　　○　　○●

무량 위덕 자재 광명 승묘력 변식시 다라니 나막
　`　　`　　`　　`　　`　　　　　○● ○○○○

살바 다타 아다야 바로 기제 오옴 삼마 라 삼마 라
○○　○○　○○○　○○　○○　○　○○　○　○○　○

오옴 나막 살바다타 아다야 바로 기제 오옴 삼마 라
○○　○○　●●●●　○○　○　○○　○○　○○○○

삼마 라 오옴 나막 살바다타 아다야 바로 기제 오옴
○○○○　○○　●●●●　○○　　○○　○○　○○

삼마라　삼마라아훔　○○○○
○○○○　○○●●●●

【시감로수진언(施甘露水眞言)】

나무소로 바아야 다타 아다 혜혜 다냐타옴
○　○●　○○　○　○○　○○　○○●●─●

소로　소로바라　소로　바라소로　사바하　나무소로
○○　○○─●　○○　○●─●　○○　●●●●

바아야 다타 아다 혜혜 다냐 타옴
○○　○　○○　○○　○○　●●●●

소로 소로바라 소로 바라 소로 사바하 나무소로
○○　○ ●●　○○　○　○○　○○　●●●●

바아야 다타 아다 혜혜 다냐 타옴
○○　○　○○　○○　○○　●●●●

소로 소로바라 소로 바라소로○○○○○
○○　○ ●●　○○　●●●●

【일자수륜관진언(一字水輪觀眞言)】

옴 바옴바옴 밤바옴
○ ●●●●　○○

옴 바옴바옴 밤바옴
○ ●●●●　○○

옴 바옴바옴 밤바옴
○ ●●●●　○○●●○

【유해진언(乳海眞言)】

나무 사만다 못다 남 오 옴 바 예 염 나무 사만다
○ ●　○○　●●●●●　●●●●●　○○

못 다 남 오 옴 바 예 염 나무 사만다
●●●●●　●●●●●　○○

못 다 남 오 옴 바 예 염
●●●●●　●●●●　○○○○　○○○○○　○○○운심공양진언

불교와 선무용 187

○○○○

3) 화의재진언(化衣財眞言)바라(훗소리/사물반주)

나모 사만다 못다남옴 바자나 비로기제 사바하나모
○● ○○ ●●●●● ○○ ●●●─● ●●●●

사만다 못다남옴 바자나 비로기제 사바하나모
○○ ●●●●● ○○

사만다 못다남옴 바자나 비로기제 사바하
●●● ●●●●● ○○ ●●● ○○○○○○○

2. 반주음악 악보

〈일러두기〉

사용된 반주음악은 법현스님의 한국의 범패시리즈 1-17집 가운데
한국의 범패시리즈 1집 (산사의 향기)-아세아레코드 1999.4 (CD)
6번곡 모란찬 훗소리(동희스님), 호적(구해스님).
한국의 범패시리즈 2집 (무지개 소리)-아세아레코드 1999.4 (CD).
6번곡 사다라니바라 훗소리(일운스님), 호적(구해스님), 북(법현스님).
8번곡 법고무 반주가락 태징(일운스님), 호적(구해스님), 북(법현스님).
한국의 범패시리즈 3집 (불교무용음악)-아세아레코드 2000.3 (CD).
1번곡 나비무반주호적 호적(구해스님).

*악보의 채보는 김혜원, 악보 입력은 채혜련 선생이 맡았다.

1. 악보 기보

가. 음 표기
대부분 실제음에 가까운 기보를 원칙으로 했다.
단, 표기의 편의상 8음정이 되는 음은 올리거나 내렸다.
또한, 실제음과 음이 다를 경우 악보 위쪽에 실제음과의 관계를 표기했다.

나. 박자 표기
박자는 (범패는 일정한 박자가 없다고 판단되어) 기본박만 표기했다.
빠르기는 박자기에 표시된 숫자로 악보 위쪽에 표기했다.

다. 태징 표기
태징의 표기중 'O'는 징을 그대로 친 것이고 'O'은 징을 막고 친 것이다.

2. 악보 부호

가. ↑,↓ : 실제음보다 음이 조금 높거나 낮게 들릴 때.
나. ～ : 떠는 음   ♭～ : 아래로 떠는 음.
다. ♩⌒ ⌒♩ : 음을 끌어 내리거나, 끌어 올리면서 부를 때.
라. ✗ : 음이 일정하지 않을 때.

모란찬 ~나비무~

사다라니바라

법고무 반주

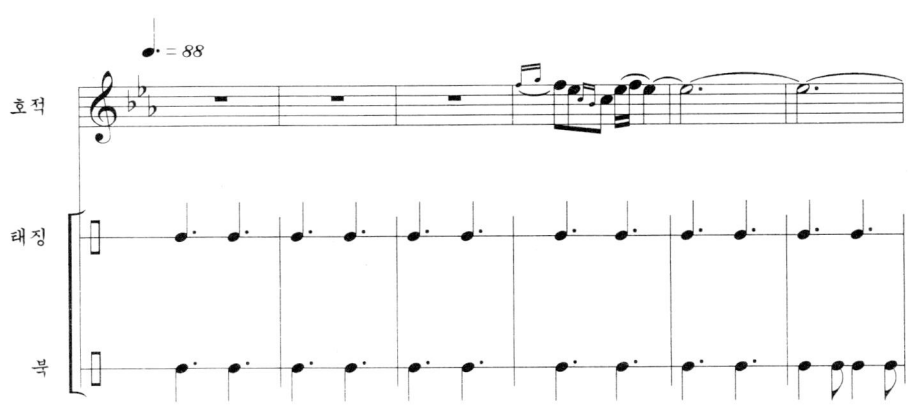

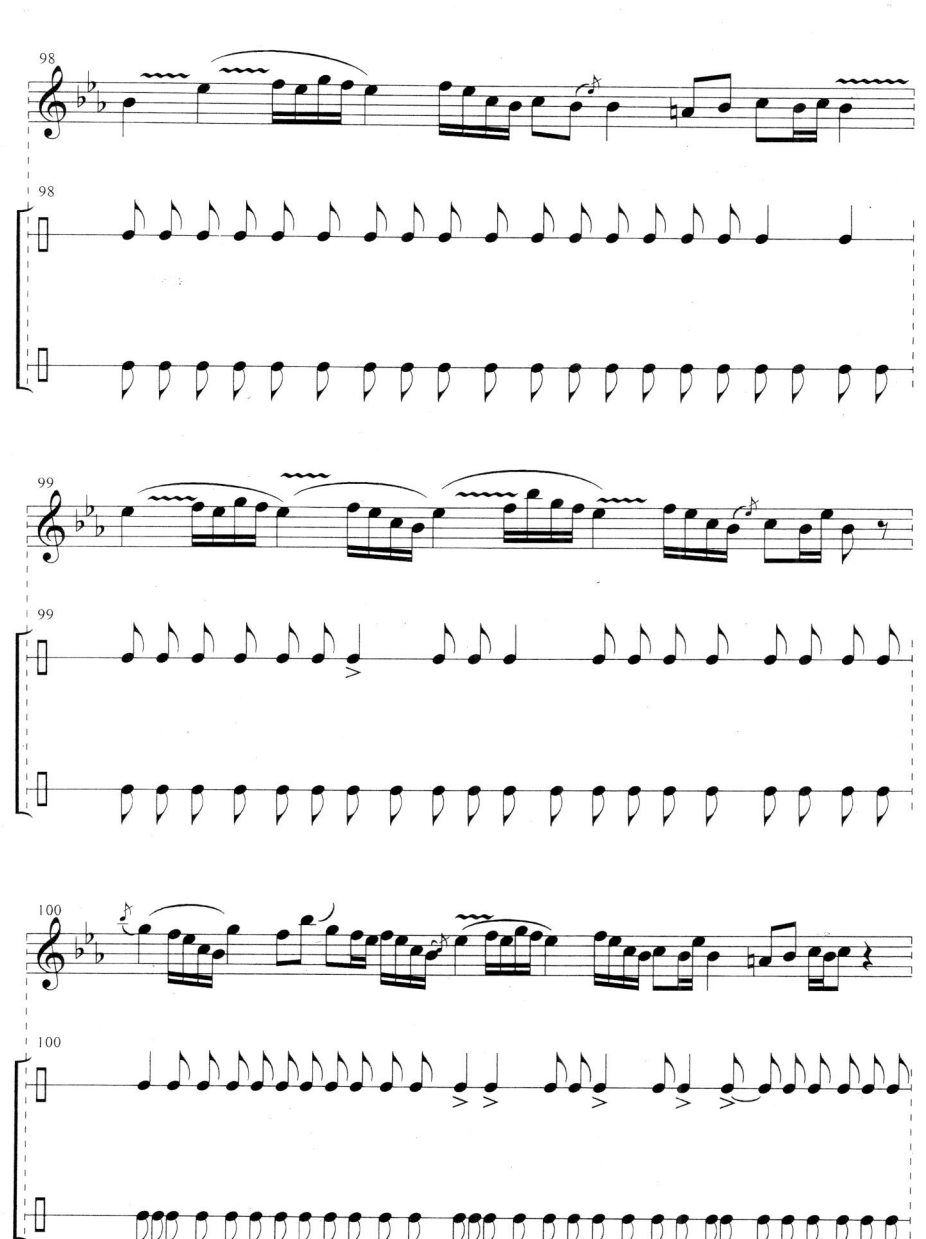

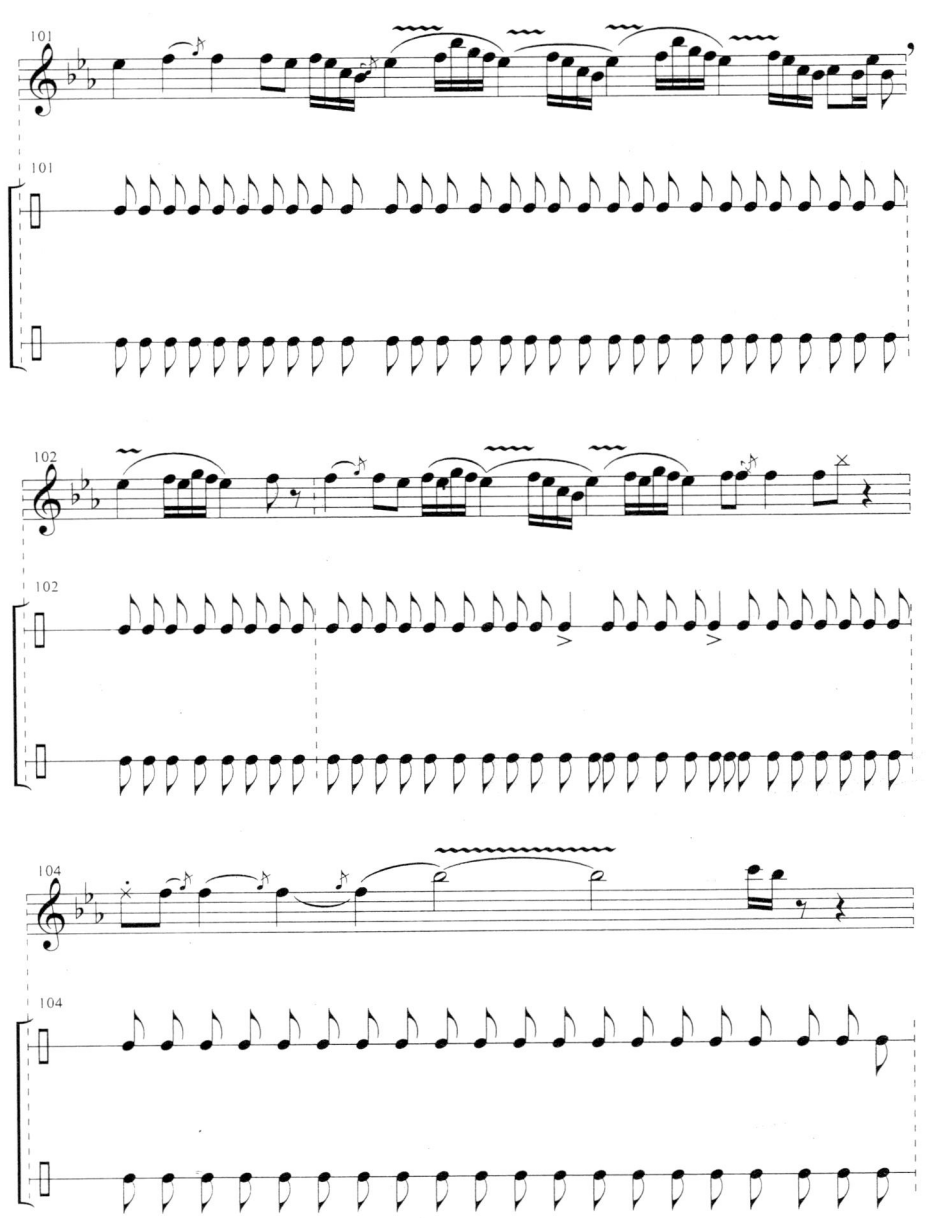

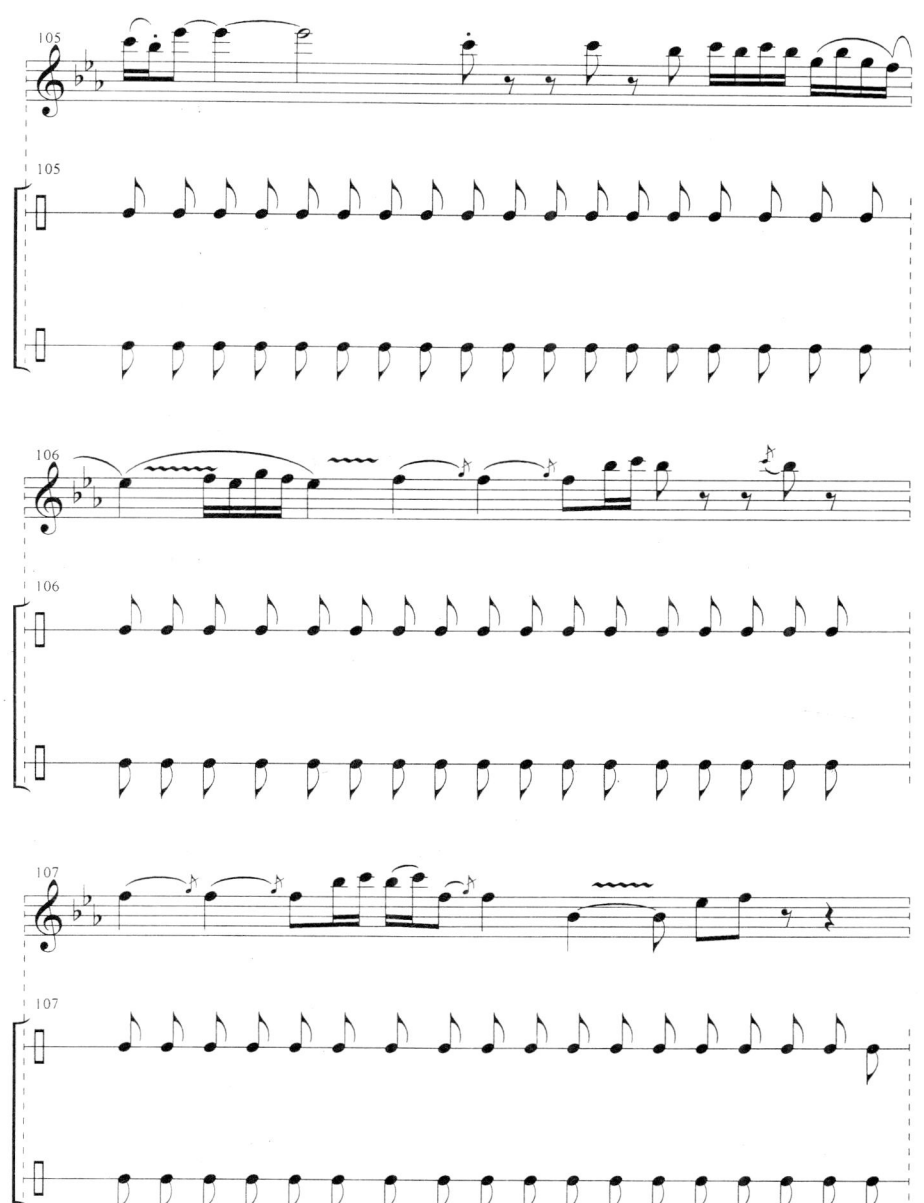

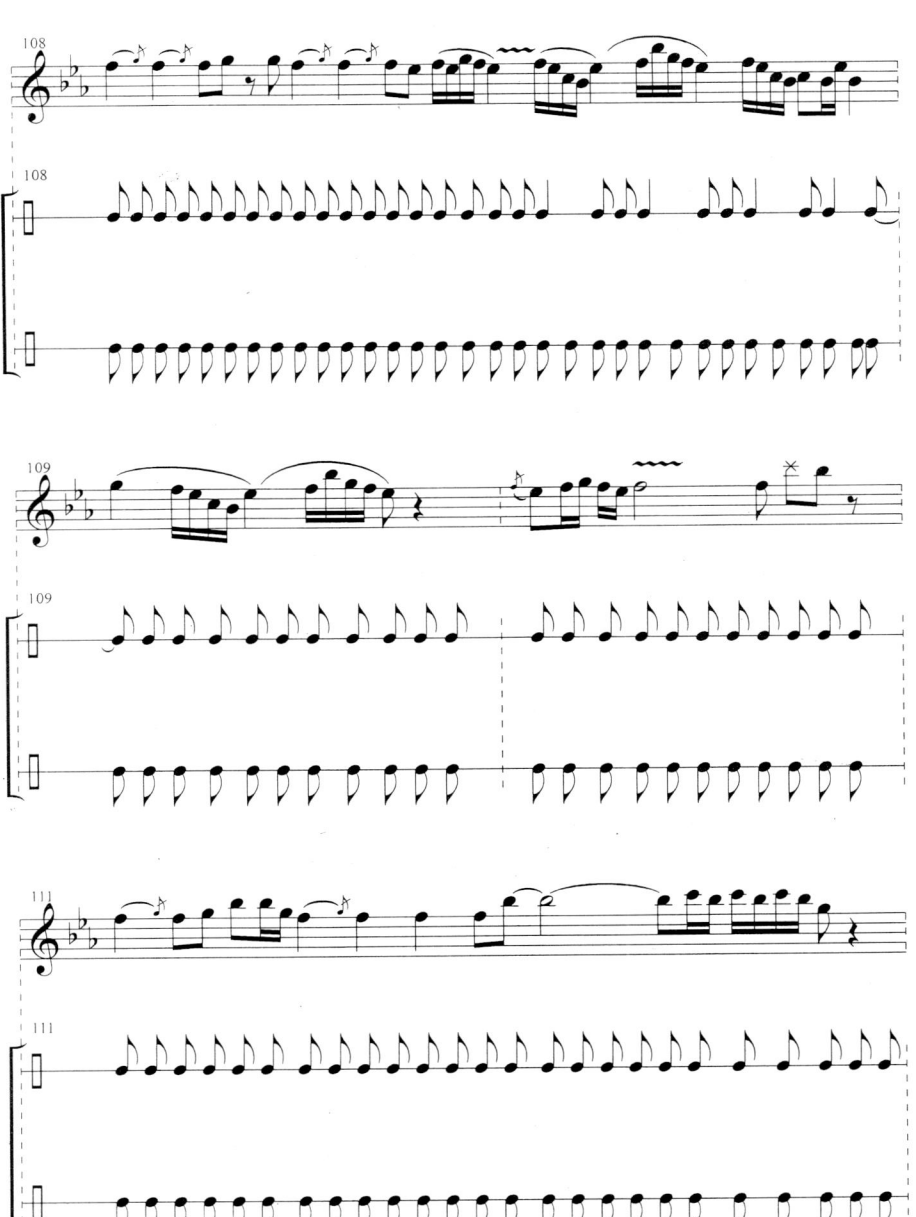

나비무 반주 호적

Buddhist Dances

Note by Rev Kim Pup hyeon (Eung ki) *
-Professor of Buddhist music and dance, Corean Dongguk University
-Human cultural asset, Complete of Buddhist chanting and dance

Introductions to Pompae as a vocal devotion to Buddha and buddhist dances as motional devotion by monks Nabimu (butterfly dance), Boepgomu (drum dance), Baramu (cymbals dance), Tajumu (a similar one to butterfly dance)

Buddhist dances are performed with Pompae and are divided roughly into four; Baramu (cymbals dance), Nabimu (butterfly dance), Beopgomu (drum dance), Tajumu (similar dance to Nabimu). Vocal devotion toward Buddha's greatness and performance devotion by means of dances do not have any solid records on their origin. There are a couple of tales on its account. One says that monks imitated Gaseop, who had worn a knowing smile and had danced in response when Buddha had preached the Lotus Sutra at Mt. Yeongchwi and had showed him a flower in four heavenly colors. Another says, when Jo Jageon(=Jo Sik) of China climbed on a mountain there came a strange sound from Brahma-Deva, and many fish danced to the sound. Pompae was composed similar to the sound and monk dances were made similar to the movements of fish. It is not certain when buddhist dances began to be performed as a part of religious ceremonies. Gamro-tanghwa (buddhist painting) at Yeongdan (Gamrodan) shows buddhist dances, which were Yukbeop-gongyang toward Buddha and prayers for the heavenly souls for their return to lives in heaven. However, buddhist dance was prohibited by the rule of Japanese Government General of Korea as well as Pompae, and went downhill even after the Independence because of the dispute in Korean Buddhism. Presently, only few temples such as Bongwonsa, Baekryeonsa, Anjeongsa of Korean Taego

Type of Buddhist Dances

Types	Costume	Instruments	Name of Dances
Baramu	Gasa Jangsam	Taejing, drum, wooden gong Bara(cymbals), drum, Samhyeon, Yukgak	Cheonsu-bara, Sadarani-bara, Hwauijae-bara, Gwan-yoksoe-bara, Naerimge-bara, Yojap-bara, Myeongbal
Nabimu	Yuksu-jangsam	Taejing, drum, wooden gong Chwitaak, Samhyeon, Yukgak	Hyanghwage, Unsimge, Sangwiui, Ogongyang, Guwon-geopjung, Doryangge, Dage, Jagwibul, Mandara, Sabangyosin, Jeongrye, Guigyeong, Moranchan, Samnamtae, Daegak-seokgajon
Tajumu	Yuksu-jangsam	Gwangsoe at Sikdang-Jakbeop Taejing and Samhyeon Yukgak,chwitaak	dance movements during Sikdang-jakbeop, such as Gwangsoe sound after Dangjwachang at Sikdang-jakbeop (Sometimes Tajumu is classified into the same category with Nabimu)
Beopgomu	Gasa-jangsam Yuksu-jangsam	Taejing, wooden gong, drum, chwitaak, Samhyeon, Yukgak, Dances which are harmonized with instruments	

Buddhist Order continue its tradition.

Nabimu (Butterfly Dance)

In Nabimu (butterfly dance) the costume which is long sleeved white robe with floor touching length, and a red ribbon is tied to keep in position of colorful Yeongja drapes on either side of body, front and back. Accompanied with a Gokkal (pagoda shaped head covering), its beauty attracts the audiences. As the Eojang monk declares the opening, saying "Chakpok sohasipsiyo(do Chakpok)", the monks move lightly like a flying butterfly and dance to the Beomeum sound of Eojang monk and the rhythm of Taejing. There are solo dance called Hyangnabichum, duo dance called Ssangnabichum (duo butterfly dance), and quintet dance called Ohyaengnabichum (five Hyaengnabi dance). In Ohyaengnabi dance four monks dance in each of four directions and one dances in the center. To dance Nabimu both arms are stretched straight a little above the each shoulder, and whenever both hands are closed or gathered they should be at higher position than belly button. Every movement is slow and slight and never flippant, with constant gazing of tip of nose. Foot shapes always letter 'J' in each step and left knee supports high the right one in case of knee bending movements. There are 18 kinds of Nabimu, they are Hyanghwage, Unsimge, Samgwiui, Moranchan, Ogongyang, Guwon-geopjung, Doryangge, Dage, Guigyeong, Samnamtae, Jagwibul, Mandara, Sabangyosin, Jeongrye, and Daegakseokgajon. Changhon, O'm nam, Chiokko. At Yeongsanjae of Bongwonsa(temple) Ohyaengnabimu was performed. And at Yeouido National Ceremony in 1988, Han-gang(river) Lotus Lantern Ceremony in 1991 and National Ceremony praying satisfactory completion of Daejeon Expo in 1993, Nabimu by more than 12 monks was performed. To dance Nabimu the monk holds the paper-made peony flowers and shows very gentle and feminine movements like the dancing fairy girl.

Baramu (cymbals dance)

Bara is a musical instrument, also called Yojab. It is made of copper and shaped of a well trimmed pot lid upside down. To dance Baramu both hands holding Baras are moving upward in same time or one after another, and body moves according to the rhythm of Taejing. Each foot is shaping the letter "J" in turning movements. And keep the body straight and gaze the tip of the nose. Baras stay above the forehead and move down to belly button, but never below of it. Costumes are Jangsam (long sleeved buddhist robe) and Gasa. Recently the costume of Nabimu, Yuksujangsam is used sometimes in Baramu. (Originally the costume of Baramu is only Jangsam with Gasa.) Baramu shows swiftness and strength from its fast rhythm. Baramu in solo is called Oebara or Pyungbara, in duo is called Gyeopbara, and in trio is called Ssangbara. At National Ceremony (Yeongsanjae) praying national prosperity and flourish in 1988 even numbered Baramu with more than 20 monks was performed. There are 7 types of Baramu. They are Cheonsubara which is chanting of Simmyojanggudaedarani in Cheonsugyeong with rhythm (about 5 minutes of duration), Sadarani Baramu which is a series of four Darani and Myeongbara(myeongbal) which is performed by two monks moving crossward side by side in front of the outdoor hanging Buddha painting. Also Naerimgebara which is danced to the Taejing of Naerimge, after prayer to Buddha and just before the third Hyangwhacheong in front of Buddha is one of them. And more of Gwanyoksoebara which is performed in the bathing ceremony for the deceased to delight the happiness. In Gwanyoksoebara the striking method of Taejing is very unique. It is said that the doors of Yukdo (six worlds of Buddha) open at the sound of Taejing, or that it means Yukbaramil (six ways of training for Bodhisattva). The rest of two are Hwauijaebara and Yojapbara. In Yojapbara (so called Botongbara (normal Bara) and Beongaebara (lightening Bara)) the sound of Taejing comes in the same time. At the similar metal sound of two instruments the dance is performed. Always after Nabimu there follows Yojapbara dance. In the harmony of Samhyeon Yukgak such as Taejing, drum, wooden gong and Hojeok, it is believed that their sound help the salvation of suffering lives in the six worlds.

Beopgomu (Drum dances)

Beopgomu is a salvation dance for the animal lives. Usually it is performed at the end of Nabimu or Yojapbaramu, and at Sikdangjakbeop. The monk drums on one side with holding drum sticks in both hands and glaring at the face of drum, and dances to the rhythm of Taejing, which is played by Eojang monk, on the opposite side of the stage. Mixed with the sound of Samhyeon Yukgak (types of instruments) and Hojeok (a wood wind instrument similar to shawn) the movements are getting faster in accordance with the fast rhythm of Taejing. It is the mixture of calmness and movement in one dance. (4-8 minutes of duration)

Tajumu

In Yeongsanjae Tajumu is performed only at the Sikdangjakbop. It dances to praise the virtue of service in acknowledgement of Bodhisattva, Buddha, His teachings, monks, givers, takers and offerings in front of Buddha statue. Two monks in Nabimu costume are sitting against each side of Paljeongdo structure with one striking stick for each. At the sound of Kyeongsoe and as Eojang monk strikes Taejing and begins chanting, they stand up face to face and dance. Raising the striking stick right and left, then turn three times around the Paljeongdo structure with the stick kept above the right shoulder. Return to original position face to face. And raising again the striking stick right and left then stand up or sit down against each other's back. (40 minutes to one hour of the duration for Sikdangjakbop)

The Yeongsanjae Ceremony

Yeongsan of Yeongsanjae is a shortened word of Yeongsanhoesang. And Jae of YeongsanJae came from the word of Uposadha in Sanskrit with the meaning of offering ceremony among monks.

When Buddha preached in Mt. Yeongchwi all audiences, hosts of other terrestial and celestial beings, and out-guards were went into great ecstacy upon hearing the sermon as well as Sakradevanan Indra of entire universe, many Bodhisattvas, gods and goddesses. Mandara flowers were floating down from the heaven. Myoeum Bosal (Bodhisattva) as well as heavenly boys and girls came down to earth to dedicate flowers and incenses with music and dance to Buddha. All these divine spectacles are summerized into a ceremony, Yeongsanjae.

In Yeongsanjae Namudaeseong-inrowang Bosal(Bodhisattva) guides the ceremony of the day in the temple. The purposes of Yeongsanjae are to teach the emancipation from rebirth and the new life in the heaven to the deceased, to remind the public of Buddha's teachings and to encourage their belief with all present revivals of Yeongsanjae in Buddha's time. It helps all living creatures to form a connection with Buddhism and to get a salvation from Karmas and an enlightenment.

The structure of Yeongsanjae shows Anchaebi and Bakkatchaebi in Pompae (music part) and Buddhist dances.

The meaning of each step is as follows;

1. Siryeon

—It has the meaning of welcome. Accompanying with Buddha in a well decorated palanquin with jewels, Bodhisattva and the hero soul of the ceremony were carried in the palanquins from outside of the main gate of the temple, named "Haetalmun".

2. Jaedaeryeong

—A light meal is served and Buddha's teachings are explained to the soul. It has the meaning of readiness for the soul to advance to the Buddha's altar.

3. Gwan-yok

—It is the bathing ceremony. It cleans Karmas, which were tainted by three poisons (greed, anger and stupidity), with Buddha's teachings, dharani (chants) and perfumed water.

4. Jojeonjeom-an

—It is a precedure to sanctify the false money to be used in the world of the deceased.

5. Sinjungjakbeop

—It is a procedure to invite and to give a hearty reception to one hundred and four Guarding Gods who are eager to listen to Buddha's words. They are requested to protect Buddha, Bodhisattvas and temple and to help the ceremony to be ended smoothly.

6. Gwaebul-iun

—So far a soul of the deceased is present in the lower altar and the Guarding Gods are in the middle altar. Now the next procedure is to move the hanging Buddha (painting) which is worshiped indoor in case of normal ceremonies, such as Sangjugwon-gongjae, to specially arranged outdoor altar. It makes Yeongsanjae a huge ceremony in scale.

7. Sangdan-gwon-gong

—It is the core part of Yeongsanjae. After Buddha is invited to the upper altar, He is worshiped and prayed to enlighten all lonely souls of the deceased and all living creatures with His teachings and His compassion.

8. Sikdangjakbeop

—After the services give n to the lower, the middle and the upper altars, the offerings are given to the monks attending the ceremony and to the all living creatures. Buddhist trainee must ask himself whether he deserve to receive the offerings. Also the suffering souls in the hell, starving souls and animal lives are also given the offerings and Buddhist teachings.

9. Unsusangdan ; Socheongjung-wi

—It is to invite and to worship all Buddhas and Bodhisattvas in the entire universe at the upper altar.

10. Jungdan-gwon-gong ; Socheongjung-wi

—It is to invite and to worship Buddha's respected disciples one by one and ten Kings from the world of the Dead and their staffs with the endorsement of Jijang Bosal(Bodhisattva) at the middle altar.

11. Sinjungtoegong

—It is to take the offerings on the upper altar down to the middle altar and to worship the Guarding Gods with them.

12. Gwan-eumsisik (Jeonsisik)

—The word "Sisik" means to give away the offerings. It is a procedure to purify all Karmas of the suffering souls in the hell, and to take the souls to great merciful unobstructed world, and to help them to throw away three poisons and to become a good Buddhist.

13. Bongsong and Sodaeuisik

—It is a procedure to see off all invitees. First, all Buddhas and Bodhisattvas on the upper altar, second, the Guarding Gods on the middle altar and finally the souls of the dead are gone. Next step is to burn all decorations and clothes used by the soul of the dead. It is to demonstrate the nothingness of Buddhism.

We are not sure when the Yeongsanjae ceremony was started. However, we could guess that buddhist ceremonies were popular even earlier than mid Yi dynasty even though there was no written documents on them, because the procedures of Yeongsanjae were described in Jakbeopguigam and Beomeumjip, which were the ceremonial textbook revised by monks in mid Yi dynasty. Presently Yeongsanjae ceremonies are held for the various occasions, such as to get over from any national difficulties, to pray for national prosperity, social growth, individual wellbeings and to guide the deceased to the heaven.

Recently held Yeongsanjae ceremonies showed smaller scales than before.

Korean buddhist Music

Pompae is a chant which was chanted in a buddhist service by monks. The term of Pompae is transliterated from 'Bhasa' (sanscrit) which lmplyies admiration, and also be said 'paeik', or 'pasa'. That is, when monk recites Buddhist scripture or chants, he draws sound out long enough.

About the origin of Pompae, there are several orally transmitted legends and Buddhist theory as follows.

* The origin came from the music of songmyonhak of Brahman in India.

* Theory of Myoum Bodhisattva of Lotus Sutra

* Theory of Choshik's creation in China

* View of Rev. Jingam creates Pompae during United shilla era but it may go up to the mid-eighth century depending upon the records of Samkukyusa in Korea.

Contrary to splen did history in Korean Buddhism throughout the United shilla and Koryo period, Pompae was on the decline due to pursuing the national policy of confucianism during Chosun dynasty. But even it's turn in history, Pompae still holds its important function oceasingly to the present.

Pompae is classified into anchaebisorri, bakkatchaebisorri (hosorri, chissorri) and hwachong. Anchaebisorri which confess the content of buddhist service to Buddha and Bodhisattva is performed mostly by seungbop or bopchu who is knowledgeable on scripture. Common buddhist invocation is also said anchaebi. There are 4 different types of sorri such as yuchisong, kaetaksong, chakosong, pyunggaesong in anchaebi procedure by statement of ojang who is a master in Pompae. Anchaebisorri such as jungrye, kwanumshishik, shidarim, sorri in several type of shishik and so procedure and many others could be learned only after taking lessons in hosorri of Sangjukwongong ritual, Kakbae ritual, and Yeoungsan ritual ceremony.

Hosorri is composed of sanmun which is written in chinese writing and dharani written in sanskrit, and being chanted in a vocal solo, or vocal quartet, or chorus. Form of hosorri is made of 4 phrase. Each first and third phrase, second and fourth phrase has same sound in common. Hosorri is chanted throughout the whole procedure of buddhist memorial service.

Chissorri takes long hours performing and mostly chanted in the form of chorus. Unfortunately, only 15 chissorri have handed down to the present. Chissorri applys sound of kyopsong, hossong, chaungsong, sangsagusong while it prolong each letter methodically.

Hwachong is another type of chanting for offering food to the deceased or celebrating a buddhist requiem service for the deceased through the teachings of Buddha.

Pompae accompanies chakpop dance which commonly known as buddhist dance. Chakpop dance expresses deep devotion and respect to Buddha through its dancing motion. Generally, we classify buddhist dance into 4 types; cymbal dance(Para ch'um), butterfly dance(nabi ch'um), drum dance(popko ch'um) and taju dance(T'aju ch'um). These dances are performed in the process of ritual ceremonies as a important partial elements with the lyrics of Pompae and instrumental accompaniment.

In 1973, Rev. Songam, Rev. Byogung, and Rev. Ungong(pass into nirvana) were designated as a Important Intangible Cultural Asset No. 50 by nation. Since Important Intangible Cultural Asset system on Pompae has changed it's format from stage item to courtyard item for characteristic reason in 1987, the whole process of Yeongsan ritual which consists of three major ritual parts of Pompae, chakpop dance and adornment have registered as Important Intangible Cultural Asset No. 50 instead of Pompae only. Currently nation designated Important Intangible Cultural Assets No.50 are Rev. Songam(pass into nirvana), Rev. Byogung (pass into nirvana)in Pompae, Rev. Ilung in chakpop.

Yeongsanjae Conservation Association and Pompae holders in Bongwon temple put a lot of effort to keep precious buddhist tradition and fulfill the main role to hand down each procedure of Yeongsan ritual to the present.